2019年度湖北省社科基金"共享发展和农村贫困人口脱贫研究"
一般项目（后期资助项目）资助出版（项目号：2019024）

共享发展和农村贫困人口脱贫经验研究

崔霞　著

GONGXIANG FAZHAN HE NONGCUN PINKUN RENKOU
TUOPIN JINGYAN YANJIU

WUHAN UNIVERSITY PRESS
武汉大学出版社

图书在版编目(CIP)数据

共享发展和农村贫困人口脱贫经验研究/崔霞著.—武汉：武汉大学出版社,2022.3

ISBN 978-7-307-22857-3

Ⅰ.共… Ⅱ.崔… Ⅲ.农村—扶贫—经验—中国 Ⅳ.F323.8

中国版本图书馆 CIP 数据核字(2022)第 013995 号

责任编辑：聂勇军 责任校对：李孟潇 版式设计：马 佳

出版发行：**武汉大学出版社** （430072 武昌 珞珈山）

（电子邮箱：cbs22@whu.edu.cn 网址：www.wdp.com.cn）

印刷：武汉图物印刷有限公司

开本：720×1000 1/16 印张：13.25 字数：197 千字 插页：2

版次：2022 年 3 月第 1 版 2022 年 3 月第 1 次印刷

ISBN 978-7-307-22857-3 定价：45.00 元

前　　言

　　贫困与消除贫困是一个全球性问题和难题。新中国成立以来，特别是改革开放以来，我国减贫事业取得了巨大的成就，其成就的取得要归功于我国可持续的经济增长、政府主导的专项扶贫以及有关的社会平等政策，最根本的经验是制定和采取了一系列在不同发展阶段适合中国国情的减贫战略和政策。党的十八大召开以来，共享发展新理念作为社会主义发展的价值取向被明确提出，这是我们党对几十年来的社会主义发展规律的科学总结，也是对未来发展方向的明确把握，充分体现了社会主义的本质要求。而 2021 年 2 月 25 日，习近平同志在全国脱贫攻坚总结会上，向全世界庄严宣布，经过全党全国各族人民的共同努力，中国如期完成了消灭绝对贫困的艰巨任务，脱贫攻坚战取得了全面胜利，这既是中华民族的伟大光荣，更为世界创造了减贫治理的中国样本，为构建人类命运共同体贡献了中国力量。因此，总结研究中国的扶贫经验，积极开展国际减贫合作显得尤为重要。本书以农村贫困人口脱贫为研究对象，以马克思主义和中国特色社会主义理论为理论依据，以党的十八大以来习近平总书记提出的共享发展新理念为指导，结合我国脱贫的成功模式，如毕节模式、塘约模式、庆阳模式，总结出可供我们借鉴的脱贫的宝贵经验，在此基础上，揭示共享发展理念指导下农村贫困人口脱贫的实践逻辑，为世界减贫事业积极贡献中国方案、中国力量。

　　引言部分主要交代了研究背景、研究意义、研究思路、研究方法。

　　第一章是共享发展理念的理论基础。该部分主要从马克思主义经典作家的共享发展思想和中国共产党关于共享发展理论两个方面进行深入研究：一是对马克思主义关于共享发展的主体、共享发展的制度保障、共享发展的实现条件三个方面进行系统阐述；二是对毛泽东的共享观和中国特色社会主义的共享发展理论进行深入研究，系统梳理了共享发展理念形成和发展过程。

第二章是共享发展理念指导农村贫困人口脱贫的逻辑理路和重要意义。该部分主要从两个方面展开研究：一是共享发展理念指导农村贫困人口脱贫的逻辑理路。包括四个方面，即农村贫困人口脱贫以全民共享为原则、以全面共享为目标、以共建共享为途径、坚持渐进共享的规律。二是共享发展理念指导农村贫困人口脱贫的重要意义，体现在共享发展理念指导脱贫是社会主义的本质要求、是社会和谐的现实需要、是全面建成小康社会的战略需要等方面。

第三章是我国农村贫困人口脱贫的历史回顾和问题反思。回顾了我国农村贫困人口脱贫的历史进程，分为三个重要历史阶段：制度转型缓贫阶段，综合贫困治理阶段，精准扶贫、精准脱贫阶段，并总结了我国在脱贫进程中取得的重大成就。

第四章是探究共享发展理念下农村贫困人口脱贫的制约因素。该部分重点列举了影响农村全面脱贫的四大制约因素：一是主体性因素（扶贫主体与脱贫主体综合因素分析），二是结构性因素（城乡二元结构与产业结构综合因素分析），三是制度性因素（农村土地集体所有制和村民自治制度综合因素分析），四是机制性因素（共建和共享机制综合因素分析）。

第五章介绍了中国农村贫困人口脱贫模式及成功经验。该部分主要选择了具有典型意义的脱贫成功模式——毕节模式、塘约模式、庆阳模式，对这几种模式进行集中研究，发掘脱贫的一般规律和特殊规律，总结我国在脱贫攻坚中的宝贵经验和启示。

第六章系统阐述了坚持共享发展理念实现农村贫困人口脱贫的理论价值。该部分主要从破解四大制约因素着手，揭示坚持共享发展理念下实现脱贫的实践逻辑：一是破解主体性制约因素，包括重建扶贫主体结构，拓展多元化扶贫主体；推进智力扶贫，提升贫困人口脱贫能力两个方面。二是破解制度性制约因素，包括深化农村集体土地制度改革，夯实脱贫制度基础；完善土地收益分配制度，增加贫困人口财产性收入；完善村民自治制度，保障农民民主权益三个方面。三是破解结构性制约因素，包括实施生态+特色产业扶贫，增强贫困地区发展内生动力；统筹城乡一体化发展，实现城乡基本公共服务均等化两个方面。四是破解机制性制约因素，包括完善政府扶贫工作机制，完善收入分配调节机制，完善政治权利保障机制，完善监督机制，完善考评机制五个方面。

目　　录

引　言

习近平同志在党的十八届五中全会上提出了"创新、协调、绿色、开放、共享"五大发展理念，其中，把"共享"作为发展的出发点和落脚点，充分体现了我们党顺应时代潮流，积极做出重大改变，回应了我国发展新阶段的新要求。近十多年来，我国在共享发展方面已经获得初步进展，但如何切实提高农村的生活水平依然是实现共享、共富的最大障碍，是当前及今后一个阶段需要继续下大力气解决的重大难题。

一、选题的背景和意义

（一）选题背景

贫困是伴随着人类社会发展而出现的一种社会现象，人类的发展史也可以说是一部人类与贫困的斗争史。马克思曾经从社会制度的角度指出，"工人阶级处境悲惨的原因不应当到这些小的弊病中去寻找，而应当到资本主义制度本身中去寻找"，① 在资本主义制度下，劳动力成为商品，劳动者创造的剩余价值全部被整个资产阶级无偿占有，广大工人阶级处于被剥削、被压迫的地位，生活贫困，甚至是绝对贫困。因此，他指出无产阶级要摆脱贫困，就必须通过暴力革命推翻资产阶级的政治统治，建立无产阶级专政，消灭私有制，实现生产资料公有制，这样才能实现全体社会成员联合占有生产资料，实现全体社会成员共同占有劳动产品，共享发展

---

① 　马克思恩格斯选集（第4卷）[M]. 北京：人民出版社，1995：421.

成果。

　　新中国成立以来，中国共产党始终坚持以马克思主义理论为指导，带领全国各族人民在实现共享、共富的伟大实践中不懈奋斗，进行了长期而艰辛的探索。1956 年社会主义改造基本完成，标志着中国开始进入社会主义社会，从这时起毛泽东开始思考具有中国自身发展特点的共享之路。毛泽东强调，中国共产党必须始终把人民的利益放在第一位，要实实在在为群众谋福利；社会主义建设必须处理好人民利益关系，要重视农民的利益问题；社会主义建设还要处理好人民内部矛盾，人民群众是社会的主人，是创造历史的动力，是共产党能依靠的力量；重视人民群众的民主管理权、选举权与被选举权、监督权、民族自治权、男女平等权等政治权利；在改善民生方面要加强国民教育，增加就业和完善社会保障制度。毛泽东提出的这些很有价值的新思想，对于形成科学化的共享发展格局具有重要的借鉴意义。

　　改革开放之后，以邓小平同志为核心的第二代中央领导集体以社会主义本质论为理论基础，将社会主义奋斗目标与社会生产力水平相结合，提出了重要的思想，即具有中国特色的共同富裕思想。在第二代领导集体的共同努力和带领下，全国各族人民为实现共享、共富进行了艰辛而又极具成效的理论创新和实践探索。邓小平强调，社会主义的目的"就是要全国人民共同富裕，不是两极分化。如果我们的政策导致两极分化，我们就失败了；如果产生了什么新的资产阶级，那我们就真是走了邪路了"。① 从他对社会主义本质的含义的界定中我们认识到社会主义的根本原则在于两个方面，一个是社会主义发展必须坚持公有制的原则，一个是社会主义发展必须坚持共同富裕的原则。这两个方面体现了社会主义的最大优越性，那就是共同富裕，而且这是最能体现社会主义本质的一个东西。他并探索出符合中国国情的实现共同富裕的路径，即"一部分地区有条件先发展起来，一部分地区发展慢点，先发展起来的地区带动后发展的地区，最终达到共

---

　　①　邓小平文选(第 3 卷)［M］. 北京：人民出版社，1993：110-111.

同富裕"。① 他并鼓励非公有制经济发展,将其作为社会主义公有制经济的有力补充,为实现共同富裕做出应有的贡献。可以说,共享发展始终是中国共产党人高举的一面旗帜。党的十三届四中全会以来,以江泽民同志为核心的第三代中央领导集体,对共同富裕思想进行了更深一步的探索与创新。"三个代表"重要思想成为新时期促进人的全面发展的价值引领,而全面建设小康社会理论的提出,进一步细化了实现共同富裕的阶段、步骤,进一步推进了经济体制改革,在此基础上建立的社会主义市场经济体制,增强了共同富裕的实践动力。这些思想进一步推进了共享发展的理论和实践探索。以胡锦涛同志为总书记的党中央在党的十六届四中全会上,明确提出了当前社会发展的新目标——构建社会主义和谐社会,并突出强调了当前和谐社会要特别注重激发全社会成员创造财富的活力,这就需要我们把工作放在促进社会公正、维护社会的安定与团结上,形成了"以人为本"为核心、以和谐社会为目标、以科学发展为手段的共享思想。

而在党的十八届五中全会上,习近平总书记继承了马克思主义和中国共产党的共享思想,对共享思想作了进一步的阐述,并且突出强调了共享发展对于社会建设的重要性,提出我们党和政府必须把实现共享作为工作的核心和落脚点。习近平总书记强调,实现共享、共富要始终坚持以"人民为中心"的发展理念,要弄清楚发展的主体、发展的途径以及发展的成果如何分配等重大问题,并不断地进行制度创新、体制机制创新,在改革中不断满足人民对财富的需求,不断地让人民群众在共享中获得更多的获得感,增强人民群众参与社会建设的热情,激发他们改革的动力、脱贫的勇气和智慧,增进人民的凝聚力,始终向着共享、共富的方向稳步前进。

长期以来,我们党和政府始终致力于消除贫困,把人民的利益放在首要位置,努力使经济社会发展成果惠及全体人民。特别是改革开放以来,通过对农村扶贫政策的制定和实施,我国反贫困工作取得了举世瞩目的成就。20 世纪 80 年代中期,我国农村扶贫政策开始形成,1984 年 9 月,中

---

① 邓小平文选(第 3 卷)[M]. 北京:人民出版社,1993:374.

共中央、国务院联合发出了《关于帮助贫困地区尽快改变面貌的通知》。1986 年全国人民代表大会六届四次会议将"扶持老、少、边、穷地区尽快摆脱经济文化落后状况"作为减少贫困人口的一项重要内容，并把其作为改革发展的重点列入国民经济"七五"发展计划。此后，农村扶贫政策经过三次大的调整，第一次是 1994 年，我国发布了《国家八七扶贫攻坚计划》，决定努力争取用七到八年的时间，基本解决全国农村 8000 万贫困人口的温饱问题，并从形式到任务都作了明确规定。第二次是出台了 2001 年至 2010 年《中国农村扶贫开发纲要》，此文件的宗旨就是要最大力度地解决贫困人口的温饱问题，加快贫困地区的经济发展，不断提高贫困地区的经济发展水平，改善贫困人口的生存状况和生产条件，进而全面提高贫困人口的生活质量以及自身的发展能力；加快贫困农村如水利、道路交通、电力等最基本的基础设施建设；在减少贫困人口的过程中，还要注重生态环境的保护，逐步使贫困地区经济、社会、文化、生态等领域的贫困落后的状况得到改善，从而为达到基本的小康水平创造条件。第三次是出台了 2011 年至 2020 年《中国农村扶贫开发纲要》，此文件成为我国今后十年农村扶贫开发工作的纲领性文件，这份文件对于我国农村减贫有着重要的意义，体现在加快了贫困农村的发展，推进了共享、共富的进程，加速推进 2020 年全面建成小康社会奋斗目标的实现。

共享发展理念指出农村贫困人口实现全面脱贫，首先，必须坚持以人民为中心的基本原则。在脱贫进程中始终把增进人民福祉、促进人的全面发展作为脱贫工作的出发点和落脚点；依靠包括贫困群体在内的全体人民群众完成脱贫目标；人民群众不仅是实践主体还是价值主体，脱贫成功与否的最终评判者不是别人正是包括贫困群体在内的人民群众。其次，必须坚持以全面共享为目标。脱贫实际上是一个经济、政治、文化、社会、生态发展成果共享的过程，就是要公正合理地分配社会物质财富，逐步缩小贫富差距，改善贫困人口的生活质量，提高他们的物质财富共享水平；就是要保障贫困群体依法平等地享有生存、发展等各种基本权利；就是要使贫困群体能够共享人类先进文明成果，提高贫困群体的人文素质，提升他们的精神文化水平、智力水平；就是要健全农村贫困人口的社会保障体系，使贫困群体能够公平享有基本公共服务；就是要使贫困群体也能共享天蓝、地绿、水净的美好家园。脱贫要建立更加公平有效的制度加以保障。只有公平的制度保障才能消除贫困、实现共享，其既包括基本经济制度和政治制度的建设和完善，又包括具体制度的建设和完善，如收入分配制度、社会保障制度、公共服务供给制度、村民自治制度等。再次，必须坚持共建共享的脱贫路径。消除贫困、实现共享必须以共建为基础，形成国家、企业、社会组织、个体多方参与的扶贫格局；共建需以共享为目的，建立一套新的共享实现机制体系，包括收入分配调节机制、阶层利益表达机制、社会保障机制等。最后，必须坚持渐进共享的规律，立足国情、立足经济社会发展水平来思考设计共享政策。正确认识当前利益和长远利益关系、阶段性目标和长远目标关系，既要尽力解决当前必须解决和能够解决的民生问题，还需要脚踏实地、一步一个脚印、循序渐进把各项工作扎实有序地向前推进，逐步实现共同富裕。

（二）研究意义

理论价值方面：一是进一步推进了马克思主义中国化的理论发展。共享思想是科学社会主义的重要内容，蕴含在马克思主义的理论体系之中。共享发展理念正是基于马克思主义的共享思想基础上提出的，是对马克思主义中国化理论的推进。在新时期，共享发展理念从理论上更加清晰地回答了发展成果由谁共享、如何共享的重大问题，为我国最终解决贫困问题、实现共享共富提供了重要的理论指导。二是进一步丰富了马克思主义反贫困理论研究。共享发展理念的提出，为解决我国当前及今后农村贫困人口脱贫进程中的种种问题提供了应对之道。共享发展理念更加关注贫困群体的现实需要，力图解决和落实与贫困群体息息相关的民生问题。共享发展理念指出农村贫困人口脱贫要以全民共享为原则、以全面共享为目标、以共建共享为路径以及坚持渐进共享的规律，进一步丰富了马克思主义反贫困理论研究。

应用价值方面：共享发展是在坚持以问题为导向下提出的新理念，是中国共产党对社会主义发展规律认识的升华，是破解农村贫困人口贫困难题的根本途径。从共享发展理念这一视角出发，有利于我们从单一的经济脱贫思路转变到经济、政治、社会、文化和生态领域的多维脱贫思路上来，并为新时期实施乡村振兴战略提供经验参考。

二、研究综述

贫困问题始终伴随着人类社会的发展，是世界各国都会面临的难题。虽然联合国制定的《千年发展目标》把消除农村地区的贫困作为从联合国到各国政府都应明确的行动目标，并在 2015 年实现了把世界绝对贫困率减少一半的目标，取得的成就非常显著，但由于发展不均衡和巨大差距引起的冲突仍然是人类发展的最大威胁，贫困问题依然突出。在致力于消除贫困的过程中，各国学者做了大量的研究工作，对贫困产生的原因和解决途径作了不懈的探索，形成了一些有价值的新理念，如益贫式增长理念、包容性增长理念和普惠式增长理念等。

(一)国外研究综述

1. 关于经济增长和减贫研究

世界银行(World Bank，2004)①指出，经济增长对于一个国家来讲非常重要，而且在经济增长过程中还要考虑到整个社会的福利水平的提高，如包括穷人、偏远地区、女性和年轻人在内的社会成员福利水平要有所提高。亚洲开发银行(ADB，1999)②在解释益贫式增长理念时指出，经济增长的益贫性主要体现在能够缓解贫困，穷人特别是女性和其他被排斥群体

---

①　Word Bank. Creating Shared Growth in Africa[EB/OL]. (2011-11-19). http://web.worldbank.org.

②　Asian Development Bank. Fighting Poverty in Asia and the Pacific：The Poverty Reduction Strategy of the Asian Development Bank[EB/OL]. (2011-11-10). http://www.adb.org/documents/policies/poverty_reduction/default.asp.

的收入和就业有所改善。经济合作与发展组织（OECD，2001）也指出，穷人不能被排斥在经济增长之外，必须能够从经济增长中获得提高其经济地位的机会。①

古典经济学家们（Deininger and Squire，1998；Dollar and Kraay，2002；White and Anderson，2001；Ravallion，2001；Bourguignon，2003）认为，经济增长为减贫带来福音，因为经济增长可以通过"涓滴效应"最终让贫困人口受益。Grosse 和 Klasen（2008）②认为，如果经济能够快速增长，在经济增长时期的穷人能够享有更多的绝对利益，而在经济增长速度下降时期，穷人承受的绝对损失要少于其他人，因此，这种经济增长是绝对益贫的。Bourguignon（2003）则认为，除了经济增长带来减贫的效应之外，收入分配效应也是影响经济增长减贫效果的因素。Hollis Chenery（1974）③也认为，增长所带来的福利将永远是偏向于富人的，当分配不平等上升到足以抵消经济增长的有益影响时，高速的经济增长仍会导致贫困的增加，从而导致"贫困化增长"。

世界著名发展经济学家 Paul Collier（2013）在研究非洲经济增长及减贫问题时指出，非洲要向中国学习，从农业国向现代工业化转变，创造更多的就业机会，增加国民福利，使每个贫困农户脱贫致富，实现经济快速增长。

世界银行发展研究局主任 Martin Ravallion（2007）评价了两种减贫观点，一是"增长即减贫"，即经济增长是减贫的唯一有效途径；二是"增长附加"结合益贫社会政策和经济增长政策才能有效减贫。他认为，不考虑公平的增长政策不是有效的政策，经济增长的同时可能产生偏向非贫困人群的分

---

① http://www.oecd.org/dataoecd/45/28/1895254.pdf.

② Grosse M, Klasen S. Measuring Pro-Poor Growth in Non-Income Dimensions[J]. *World Evelopment*，2008，36(3)：1021-1047.

③ Hollis Chenery. *Redistribution with Growth：Plolicies to Improve Income Distribution in Developing Countriesin the Context of Economic Groeth*[M]. Oxford：Oxford University Press，1974.

配收益，加剧不公平，而忽略分配的保护政策会阻碍减贫的进程，贫困最终阻碍经济发展。在不公平程度降低的国家，平均减贫幅度为每年10%，而在不公平程度上升的国家，这个数字仅为1%。他还指出，经济不公平是政治不公平的反映。

印度国家应用经济研究委员会人类发展部主任兼首席经济学家Abusaleh Shariff，在分析印度快速经济增长时期产生贫困的原因时指出，严重的持续的区域发展不平衡、显著的城乡差异与断裂、基于性别与家庭的不平等、益贫增长政策和包容性增长政策的缺乏是主要原因。

综上所述，经济快速增长，穷人的收入也会有较快的增长，贫困的广度和深度会同时下降，所以，经济增长对贫困减除而言非常重要。但是，经济增长并不总是导致贫困的显著减除，我们不仅要确保经济的持续稳定增长，而且更为重要的是关注穷人能否参与到经济增长过程中，并能公平地分享经济发展的成果。因此，要实现贫困的显著减除，除必须努力实现较高且可持续的经济增长之外，一国的收入和财富不平等状况能否在经济增长过程中得到改善也是至关重要的。

2. 关于权利获得和减贫研究

英国著名学者彼德·汤森（Peter Townsend，1979）在提出的"相对剥夺"概念里指出，当个人、家庭和社会集团缺乏必要的资源，不易获取食物、参加活动、拥有公认的居住和生活条件，并且被排除在一般的居住条件、社会习惯和活动之外时，即为贫困。

阿马蒂亚·森（2002，2005）认为，导致贫富差距拉大的真正原因在于人们的权利被剥夺，能力相对缺失；而造成权利被剥夺，能力相对缺失的实质则是社会排斥现象本身，这是导致贫困的重要因素。他在《贫困与饥荒》一书中指出："权利贫困是农民贫困的根源，贫困不仅是一种供给不足，更多的是一种权利不足。"①

---

① ［印度］阿马蒂亚·森. 贫困与饥荒［M］. 王宇，王文玉，译. 北京：商务印书馆，2001：13.

吉登斯曾指出，社会排斥是个体有可能中断全面参与社会的方式，它会掐断个人的所有机会。①

伯查特也指出，社会排斥是个人生活居住在一个社会中，没有以这个社会的公民身份参与正常活动的状态。②

美国学者洪朝辉认为，一些特定的人群和个人，由于他们应该享有的社会权利如工作、住房、教育、分配、医疗、财产等权利被削弱和侵犯，就会导致他们处于相对或绝对的经济贫困之中。③

罗纳德·德沃金认为，在所有的个人权利中，最重要的是平等权利，它"要求一个社会中的所有人都必须得到同等的关怀和对待，所有的人都必须成为政治社会的真正平等的成员"。④

综上所述，学者们对减贫问题的研究逐渐从满足贫困群体的物质需求转变为对贫困群体的权利的保护。学者们通过研究认为，导致贫困的原因除了经济落后、收入水平低、分配不公之外，还在于贫困群体的权利受到剥夺，造成机会的不平等，从而产生社会排斥。贫困人口和弱势群体包括政治权利、经济权利、社会权利等基本权利的被剥夺和被侵蚀，遭受到各种社会排斥，使被排斥者成为边缘者，无法正常参与社会生活，从而导致贫困的产生，因此，消除贫困一要消除社会排斥。欲改变贫困群体权利被剥夺的困境，必须消除社会排斥，设置可行的、全面的参与渠道，努力促进他们更容易实现社会参与。二要实现社会公平正义。政府应该平等地对待其治理下的每一个人，保证人们作为社会公民拥有各种权利与机会。

3. 关于机会平等和减贫研究

世界银行（2006）指出，机会不平等会影响可持续发展，阻碍贫困的减

---

① ［英］安东尼·吉登斯. 社会学（第四版）［M］. 李康，译. 北京：北京大学出版社，2003：310-311.

② Burchardt T, Grand J, Piachaud D. Social Exclusion in Britain 1991—1995［J］. *Social Policy & Administration*，1999(3)：227-245.

③ 洪朝辉. 关注城市社会权利贫困［J］. 百科知识，2004(4)：51-52.

④ ［美］罗纳德·德沃金. 认真对待权利［M］. 信春鹰，吴玉章，译. 北京：中国大百科全书出版社，1998：16.

少。因为，机会不平等会加剧经济效率的低下、政治冲突以及制度的脆弱性。世界银行并区分了"机会的不平等"（包括就业、受教育、接受基本医疗卫生服务机会的不平等）和"结果的不平等"（包括收入不平等、财富不平等）这两个相关而又不相同的概念。

美国学者约翰·罗尔斯指出："对每个具有相似动机和禀赋的人来说，都应当有大致平等的教育和成就前景。那些具有同样能力和志向的人的期望，不应当受到他们的社会出身的影响。"①

哈耶克认为："阻碍某些人发展的任何人为障碍，都应当被清除；个人所拥有的任何特权，都应当被取消；国家为改进人们之状况而采取的措施，应当同等地适用于所有的人。"②

在考察了当今美国社会的政治、经济文化、社会生活等诸多领域的情况后，加尔布雷思分析指出，好社会的社会轮廓应当是"人人有工作并有改善自己生活的机会。有可靠的经济增长以维持这种就业水平。青年人走向社会之前得以享受教育，可以感受到家庭的温暖而且可以做到严于律己。海内外社会的安定为弱者建立一个安全网。人人都有根据自己的能力和抱负取得成功的机会。损人利己的致富手段受到禁止"，③"稳定强大的经济以及它所提供的机会是好社会的关键。此外，还有一个基本条件，即在最好的情况下也会有些人无力或不想工作。在好社会里谁也不得被排除在外，丧失收入，沦入挨饿、无家可归、有病无处医或一贫如洗的地步。富裕的好社会绝不允许这种情况发生"。④

博登海默指出，政府在分配商品或机会时，不能因为有些公民因值得

①　[美]约翰·罗尔斯. 正义论[M]. 北京：中国社会科学出版社，1988：69.

②　[美]弗里德里希·冯·哈耶克. 自由秩序原理[M]. 北京：三联书店，1997：111.

③　[美]约翰·肯尼斯·加尔布雷思. 好社会：人道的记事本[M]. 南京：译林出版社，1999：26.

④　[美]约翰·肯尼斯·加尔布雷思. 好社会：人道的记事本[M]. 南京：译林出版社，1999：21.

更大的关注而分到更多的东西。①

约翰·罗尔斯指出："所有的社会的基本的善——自由和机会、收入和财富及自尊的基础——都应被平等地分配，除非对一些或所有生活基本善的一种不平等分配有利于最不利者。"②他强调了实现机会公平的前提是规则公平。

综上所述，国外学者指出既要重视国家经济的高速、有效和可持续的增长，也要努力革除贫困人口和弱势群体的权利贫困和所面临的社会排斥，最大限度地保障民众受教育机会、就业机会。国家和政府应该致力于通过创造平等机会来实现改善人们的收入状况和获取财富的途径，逐渐缩小由于机会的不平等而导致的结果的不平等，最终构建起一个公平正义的社会。同时，提出人人拥有分享增长成果的公平机会能进一步促进经济的增长。

4. 关于福利普惠和减贫研究

联合国在对社会福利定义时指出："社会福利是社会服务与机构间的有组织联系，其目的在于协调个人和团体，在契合其家庭和社区需求的原则下，获得生活、健康以及人际关系等各方面的满足，从而使其能够充分发挥潜能以增进福祉。"③强调国家通过福利制度的建设满足社会每个成员的生活需求，并增进其各方面的能力，包括衣、食、住、行、教育、娱乐以及潜能发展等。

《大美百科全书》把社会福利定义为："最常指分门别类的制度或服务，其主要目的在于维护和提高人们身体的、社会的、智力的或感情的福祉。同时它亦指大学的、政府的或私人的方案。这些方案涉及社会服务、社会

---

① ［美］E. 博登海默. 法理学——法律哲学与法律方法［M］. 邓正来，译. 北京：中国政法大学出版社，1999：580-581.

② ［美］约翰·罗尔斯. 正义论［M］. 北京：中国社会科学出版社，1988：292.

③ 高灵芝，李吉忠，王立亭. 中国社会保障概论［M］. 北京：华龄出版社，1992：180.

工作和人群服务等领域以达到助人的专业目标。"①也就是说，社会福利作为一种社会制度，一是要帮助有困难的社会成员，维持其基本的物质和精神文化生活，二是要提高全体社会成员的生活水平和质量，增进全民的社会福祉。

从社会保障制度角度研究贫困问题的国外学者有李斯特、穆勒、桑巴特、瓦格纳、布歇、布伦坦诺、安东尼·吉登斯等，他们主张从民族利益出发，发挥国家的行政职能作用，由政府采取保护主义的政策如税收政策等实行财富再分配来增进国民的福利，以及通过各种法令和多组建国营企业等措施来实行自上而下的改良，为整个社会谋利益，负起文明和福利的职责。吉登斯还提出政府与社会合作增进社会福利的思想，他指出福利开支可以不再完全由政府来创造和分配，可通过政府与其他机构包括企业一起合作来提供。

从社会救助制度角度研究贫困问题的国外学者有穆勒、霍布斯、阿布尔·史密斯、汤森、威廉姆斯等，他们指出政府要对贫困者一视同仁，即使最坏的穷人也应该获得一视同仁的最低限度的救济，还要采取如为个人提供稳定的工作、创建社会保障制度、完善济贫法等有效的途径使其真正脱离贫困状态。

综上所述，西方国家对于通过提高社会福利达到减少贫困人口的研究，主要集中在建立社会保障制度和完善社会救助制度方面，主张国家通过积极的社会干预，对所有社会保障项目加以完善，对人们现在甚至是将来生活的各个方面都要提供足够的保证，特别是要保护最弱势的社会成员权益，为全部人口提供一个丰富的社会、经济公民权利框架，并提出了政府与社会合作共同致力于解决贫困问题的新途径。他们的主张潜含了一种通过共享的福利目标实现减少贫困人口的理念。

---

① 陈红霞. 社会福利思想［M］. 北京：社会科学文献出版社，2002：2.

（二）国内研究综述

1. 经济共享与脱贫研究

（1）公有制与脱贫研究。李崇富认为，坚持和完善以公有制为主体、多种所有制经济共同发展的基本经济制度，才能有效地贯彻执行以按劳分配为主体、多种分配方式并存的分配制度，才能逐步扭转收入差距扩大的趋势，才能有效地防止和遏制两极分化，逐步实现共同富裕。① 杨承训、李怡静认为，共享发展的宗旨在于缩小收入差距、消除两极分化，必须在全面深化改革中增强放大公有制的"主体"功能，坚持和完善社会主义基本经济制度，公有制主体地位不能动摇，国有经济主导作用不能动摇，这是保证我国各族人民共享发展成果的制度性保证，也是巩固党的执政地位，坚持我国社会主义制度的重要保证。② 韩长赋指出，土地制度是国家的基础性制度，进行土地"三权"分置改革，是继家庭联产承包责任制后农村改革又一重大制度创新。从"两权"分离到"三权"分置，其是适应生产力发展、顺应农民意愿、符合农村实际、继往开来的制度变革，是改革开放以来农村土地制度的与时俱进。③ 侯为民指出，实现"共享发展"需要坚持和完善基本经济制度，只有巩固和发展公有制经济，才可以从根本上保证劳动大众对生产资料的所有权，才能够逐步消除劳动力与生产资料相结合的制度障碍，从而调动起广大劳动者的积极性，使发展成果的全民共享能够在全社会生产力的快速提高中得到实现。从我国农村脱贫解困的出路看，最终还需要积极发展农村集体经济。只有农村集体经济发展起来了，脱贫工程才有可靠的保证，这既有利于农村经济走向规模化、集约化和现代

---

① 李崇富. 论坚持和完善我国现阶段的基本经济制度［J］. 北京联合大学学报（人文社会科学版），2012（10）：64-71，114.

② 杨承训，李怡静. 共享发展：消除两极分化，实现共同富裕——新常态下优化公有制经济"主体"功能探析［J］. 思想理论教育导刊，2016（3）：58-64.

③ 韩长赋. 再谈"三权"分置［J］. 农村经营管理，2017（12）：6-8.

化，也能促进城乡协调发展，缩小城乡差距。①

　　（2）收入分配制度与脱贫研究。杨颖认为，经济增长促进贫困减少，但收入分配恶化又拖累了减贫的步伐，导致中国农村相对贫困问题日益严重。经济增长对贫困的影响在下降而收入分配影响在上升。中国农村反贫困要想在 21 世纪实现真正质的飞跃，也只有通过收入分配格局改变、农村公共服务全面展开借以增强农民自我发展的能力和机会，如此才能使穷人更好地参与、分享到中国经济发展的硕果。② 于乐荣、李小云提出，通过目前大量的理论研究和实证研究反映出这样一个问题，就是经济增长虽然可以减少贫困，但是它减少贫困的程度和效果，会受到收入分配状况的影响。③ 张雅勤提出，要科学设计社会再分配制度。通过税收调节制度、公共财政制度、利益补偿制度等社会财富再分配制度，充分发挥制度所蕴含的公共性与公正性在再分配领域的调节作用，解决好区域差距、城乡差距与行业差距等发展不均衡的问题。还要利用上下级监督、社会监督、舆论监督等各种监督机制，确保各项共享发展制度的落实。④ 易培强提出，改革完善初次分配制度，要在发展成果由人民共享、共同致富和坚持公有制主体地位的大原则下，实行国民收入分配适当向居民收入倾斜，保证劳动报酬收入的正常较快增长，切实维护最广大人民分享全民和集体财产收入的权利等政策措施。⑤ 李金叶、周耀治、任婷提出，政府一方面要加大对贫困地区的投资，为帮助贫困人口摆脱贫困提供更多的发展机会和渠道；另一方面要积极改善收入分配政策，通过税收、转移支付等

---

　　① 侯为民. 立足完善基本经济制度　实现共享发展［J］. 思想理论教育导刊，2016（3）：156-163.
　　② 杨颖. 经济增长、收入分配与贫困：21 世纪中国农村反贫困的新挑战——基于 2002—2007 年面板数据的分析［J］. 农业技术经济，2010（8）：12-18.
　　③ 于乐荣，李小云. 中国农村居民收入增长和分配与贫困减少——兼论农村内部收入不平等［J］. 经济问题探索，2013（1）：117-122.
　　④ 张雅勤. 实现共享发展的有效制度安排［M］. 光明日报，2016-04-13.
　　⑤ 易培强. 收入初次分配要保障人民共享发展成果［J］. 湖南师范大学社会科学学报，2013（2）：13-19.

手段进行收入的二次分配，优化收入分配方式和收入分配结构，构建更适宜的利益分享机制，使贫困人群能够更多地分享经济增长成果，共同走向富裕。①

（3）社会保障制度与脱贫研究。汪三贵等指出，构建城乡一体化的保障体制，实现户籍制度、医疗、教育等社会保障方面的城乡对接，对于扶贫有着重要的意义。② 卢洪友、刘丹指出，各个地区的农村社会保障水平不一，覆盖范围相对不足，中央与地方政府的基本公共服务支出责任划分不明确，中央和地方财政承担的社会保障支出比重不合理，中央财力逐渐增强而支出下降，地方财力逐渐减弱而支出增加，这种状况应该得到改变。需要完善农村社会保障制度及相关财政制度设计，增加农民收入，提升人力资本，增强信息对称性、多元化供给，加强地区资源共享利用。③ 范从来、谢超峰提出，要不断加大对贫困地区的政策倾斜和政府的转移支付，使得贫困地区居民生产生活条件得到全面改善，通信、电力、交通等基础设施实现全覆盖，这对于保障基本的民生需求，同时进行生产经营活动有着不可替代的作用。这些生产性投入不仅能促进经济发展，同时也有利于贫困居民增收，但是一方面生产性投入的减贫效果会边际递减，另一方面从长远来看，通过医疗、教育等基本公共服务来改善贫困地区人力资本水平，增强贫困人口的自我积累和自我发展能力才是最重要的。④ 张乃亭提出，目前我国农村最低生活保障水平可以进一步提高。这对减少农村贫困人口、改善农村贫困人口生活、实现社会公平、建设社会主义和谐社会具有重要价值；要多层次、多渠道筹措农村最低生活保障制度资金，作

① 李金叶，周耀治，任婷. 经济增长、收入分配的减贫效应探析——以新疆为例[J]. 经济问题，2012（2）：8-11.
② 汪三贵，张伟宾，杨浩，崔嵩. 城乡一体化中反贫困问题研究[M]. 北京：中国农业出版社，2016：171.
③ 卢洪友，刘丹. 中国农村社会保障的发展困境与对策[J]. 中州学刊，2016（5）：67-70.
④ 范从来，谢超峰. 益贫式增长、分配关系优化与共享发展[J]. 学术月刊，2017（3）：61-67，80.

为拓宽农村最低生活保障制度的资金来源。①

2. 政治共享与脱贫研究

（1）完善村民自治制度。李庆云认为，农民反贫困角色的主体性地位的确立，关键在于村民自治的深入发展和真正实行。要正确认识和积极解决村党支部和村委会之间的矛盾这一制约村民自治深入发展的瓶颈问题，应着手加强和促进村民自治的制度建设，提高村民自治机制在实践中的可行性和可操作性。② 杨秀丽、徐百川认为，发展完善乡村治理过程中的基层民主，落实扶贫工作中精准识别、精准帮扶和精准管理等关键环节，对促进乡村贫困户精准脱贫具有重要意义。③

（2）加强基层党建。人民论坛专题调研组在介绍四川开江县"基层党建+精准扶贫"模式时指出，开江县突出强调基层党组织作用，把基层党组织的完善作为减贫的主要抓手。在发挥基层党组织的扶贫作用方面，走出了一条"党建脱贫奔小康"的新路径，开创了新常态下"基层党建 + 精准扶贫"的新模式，组织强起来，党员干起来，群众动起来，大家富起来，取得了良好的政治、经济和社会效益，其成功经验值得大家借鉴。④ 董江爱、张嘉凌提出，加强农村基层党组织建设，发挥农村党支部的战斗堡垒作用和党员的先锋模范作用，是维护农民权利、优化农村政治生态的有效方式，对推进基层治理乃至国家治理现代化意义重大。⑤

（3）保障农民民主四权。袁方成、罗家为认为，民主选举、民主管理、

① 张乃亭. 中国农村最低生活保障适度水平与支付能力研究［J］. 山东社会科学，2015（7）：142-147.

② 李庆云. 西北农村贫困治理中村民自治的瓶颈问题与对策探讨［J］. 天府新论，2013（5）：100-104.

③ 杨秀丽，徐百川. 精准扶贫政策实施中村民自治能力提升研究［J］. 南京农业大学学报（社会科学版），2017（17）：67-73.

④ 人民论坛专题调研组. 党建引领谋发展　脱贫攻坚奔小康——四川开江县"基层党建 + 精准扶贫"模式［J］. 人民论坛，2016（12）：104-105.

⑤ 董江爱，张嘉凌. 基层党建视阈下的农村政治生态优化研究［J］. 长白学刊，2016（6）：20-27.

民主决策、民主监督是关乎广大村民切身利益的事情。要进一步推进农村基层民主协商发展，促进村民自治深入发展。① 夏雨认为，切实加强农村的政治民主建设，维护广大农民的民主权利，特别是要拓宽农民政治参与的渠道，推进司法改革，加强司法公正，同时加强对农村基层干部素质的提高工作，对于三农问题的解决具有特殊意义。②

3. 文化共享与脱贫研究

（1）加强农村文化建设。高长江认为，应通过乡村社会的现代文化改革，重塑农民的现代文化心理结构，从而使其以一种昂扬的精神风貌投入到反贫困斗争中去，只有根除精神上、心理上的疾病，首先在文化上脱贫，人们才能摆脱物质贫困的羁绊，真正踏上脱贫致富之路。③ 文建龙、朱霞提出，贫困地区的脱贫致富离不开精神文明建设，要把脱贫与农村精神文明建设结合起来。农村精神文明建设，不仅包括了农村的文化、教育的建设，还包括了道德、社会风尚等方面的建设。④ 辛秋水认为，贫困不仅仅是物质资源的贫困，更是社会文化资源的贫困，即知识、信息、观念和社会心理等文化性贫困。对于贫困的农民来说，如果最终不全面地改造他们的贫困文化，特别是那些有害的"心理菌素"、陈旧的观念和落后的价值观，就不可能有贫困地区真正的发展。⑤

（2）大力弘扬乡贤文化。钟杭娣、刘淑兰提出，乡贤文化以其固有的"柔性扶贫"特质和强大的有机体合力，有效解决了贫困地区社会文化资源与物质资源的贫困问题，显示出鲜明的创新性与时代性的文化扶贫价值。

---

① 袁方成，罗家为. 选举与协商：村民自治的双轮驱动［J］. 吉首大学学报（社会科学版），2016（2）：23-29.

② 夏雨. 中国农村政治民主现状：基于农民选举权的考察［J］. 大连海事大学学报（社会科学版），2011（4）：80-82.

③ 高长江. 文化脱贫与中国乡村脱贫致富及现代化进程［J］. 人文，1996（6）：7.

④ 文建龙，朱霞. 习近平《摆脱贫困》的反贫困思想［J］. 中共云南省委党校学报，2015（6）：7.

⑤ 辛秋水. 文化扶贫的发展过程和历史价值［J］. 福建论坛·人文社会科学版，2010（3）：137-140.

同时，乡贤文化能发挥贫困区"德、志、智、教"的带动作用，对促使"外髓造血式"帮扶向"自主造血式"帮扶的转化起到关键性作用。① 贺海波指出，精准扶贫要与改造贫困文化同步进行，要放慢速度，突破贫困文化的传统社会规范，要做好义务教育与成人教育，阻断贫困文化的代际传递，培育贫困人口的现代理性精神。此外，精准扶贫还要关注贫困文化变迁中的文化消退与文化堕落现象，防止贫困回流与社会失序或社会解组。②

4. 民生共享与脱贫研究

杨应旭指出，我国的基本公共服务依然面临着供给结构不均衡、城乡差距大、东西部地区之间差距大等诸多问题，尤其是广大农村地区，基本公共服务依然维持在较低的水平，农村地区居民享有的基本公共服务水平远低于城市地区居民。③ 苏明、刘军民、贾晓俊认为，实现基本公共服务均等化是当前缩小城乡差距、地区差距和社会群体差距的重要举措，应做好扶贫与基本公共服务均等化在规划、标准、项目和体制机制上的统筹和衔接，以实现基本公共服务均等化为要领，着力改善贫困地区生产、生活、生态条件，重点健全城乡社会安全网，创新基本公共服务提供机制和方式，使之更好地惠及贫困人群。④ 左停、徐加玉、李卓提出，要将基本公共服务水平提升和均等化作为社会、经济和政治改革长期进程的一部分，更好地发挥其减贫的作用，将基本公共服务以常态化、制度化形式纳入贫困治理的政策框架，可以将当前的运动式扶贫转变为基于常态化和制度化的可持续性安排。⑤ 曾小溪、曾福生提出，我国贫困地区的基本公共

---

① 钟杭娣，刘淑兰. 乡贤文化在精准扶贫中的价值及实现路径[J]. 内蒙古农业大学学报(社会科学版)，2017(5)：46-51.

② 贺海波. 贫困文化与精准扶贫的一种实践困境——基于贵州望谟集中连片贫困地区村寨的实证调查[J]. 社会科学，2018(1)：75-88.

③ 杨应旭. 我国农村基本公共服务均等化实现模式探析——以贵州省为例[J]. 贵州大学学报(社会科学版)，2016(6)：107-112.

④ 苏明，刘军民，贾晓俊. 中国基本公共服务均等化与减贫的理论和政策研究[J]. 财政研究，2011(8)：15-25.

⑤ 左停，徐加玉，李卓. 摆脱贫困之"困"：深度贫困地区基本公共服务减贫路径[J]. 南京农业大学学报(社会科学版)，2018(2)：35-44，158.

服务发展十分滞后，要通过提高贫困地区农业生产效率和贫困人口生产力水平、增强贫困地区人口的发展能力、降低贫困地区的脆弱性、减少社会排斥来降低贫困发生率。① 苏明、刘军民认为，基本公共服务如社会保障、医疗卫生、教育及福利制度的供给有收入再分配的功能，增加这些基本公共服务的供给无疑有助于减少绝对贫困，缓解相对贫困。所以，新阶段反贫困的重要手段应从公共服务均等化入手。②

5. 生态共享与脱贫研究

莫光辉、张菁指出，当前，我国生态扶贫模式面临扶贫开发工作者绿色发展理念缺乏、减贫脱贫的短期攻坚与生态扶贫长期发展的时间周期矛盾、"金山银山"的经济效益与"青山绿水"的生态环境的矛盾等问题。应立足于绿色发展的扶贫理念，在脱贫攻坚战的生态精准扶贫发展中增强扶贫开发工作者的绿色发展理念，注重产业扶贫与生态保护的有效结合，将经济发展的减贫效益与生态保护的长远效益结合起来，构建生态精准扶贫的良性运行机制。③ 周侃、王传胜提出，要加强脱贫效果的动态监测、科学评估，在生态优先、安全第一、人口资源环境相协调的原则下，注重脱贫的经济社会生态效益相统一，为扶贫战略、规划和政策的调整提供依据。④ 张宝山提出，要把扶贫脱贫与生态保护融合起来，使生态建设成为扶贫脱贫和贫困农村发展的新的动力，这既能保证贫困农村提高脱贫的成效，又能保证贫困农村的生态环境不受破坏。只要秉持"绿水青山就是金山银山"的发展理念，算好"生态账"，才能真脱贫、脱真贫，实现可持续脱贫。⑤

---

①　曾小溪，曾福生. 基本公共服务减贫作用机理研究[J]. 贵州社会科学，2012（12）：91-94.

②　苏明，刘军民. 我国减贫形势及未来国家扶贫战略调整的政策取向[J]. 地方财政研究，2011（6）：31-36.

③　莫光辉，张菁. 绿色减贫：脱贫攻坚战的生态精准扶贫策略——精准扶贫绩效提升机制系列研究之六[J]. 广西社会科学，2017（1）：144-147.

④　周侃，王传胜. 中国贫困地区时空格局与差别化脱贫政策研究[J]. 中国科学院院刊，2016（1）：101-111.

⑤　张宝山. 生态保护补偿助力精准脱贫[J]. 中国人大，2017（9）：26.

杨文静认为，精准扶贫的战略目标不仅是实现贫困地区的精准脱贫，更主要的是精准探寻贫困地区绿色、可持续发展之路。①

综上所述，国内学者从五个维度研究共享发展指导脱贫的路径，从经济共享维度提出，要坚持和完善脱贫的制度基础，推进贫困农村土地集体所有制改革，从"三权"分置入手，明晰土地所有权，放活土地承包经营权，增加农民的土地收益，加快脱贫进程；要不断深化收入分配制度改革，促进贫困人口收入增长与经济增长的同步性和协调性。强调初次分配、再分配的公平性，特别要发挥第三次分配的作用，做好社会收入的转移支付，弥补财政转移支付的不足；要完善社会保障制度，提高农村社会保障水平，扩大保障范围，优化保障支出结构。从政治共享维度提出，要加强基层党组织建设，筑牢基层脱贫坚强堡垒，并不断完善农村自治制度，加强对农村贫困人口的"民主四权"的建设和保障。从文化共享维度提出，脱贫要和扶智与扶志统一起来，通过乡贤文化建设引领农村文化的繁荣，大力发展教育，提高贫困人口的文化素质，提升脱贫能力。从民生共享维度提出，当前脱贫的一项重要任务就是如何实现均等化的基本公共服务，缩小城乡居民之间特别是农村贫困人口与其他居民之间在基本公共服务共享水平上的差距，进而缩小农村贫困人口与其他居民间的收入与生活水平差距。从生态共享维度提出，要把生态建设与脱贫结合起来，通过生态特色产业发展，推进农村经济发展方式转变，实现绿色脱贫、可持续脱贫。

除了从多维度视角研究脱贫问题之外，还有学者从整体性视角对脱贫机制作了一定的研究。一是实现脱贫的共建机制研究。刘永富指出，我们必须贯彻落实党的十八届五中全会和中央扶贫开发工作会议精神，深入学习领会习近平同志扶贫开发思想，坚持精准发力，坚决打赢脱贫攻坚战。② 宫留记指出，构建政府主导下市场化扶贫机制可以提高扶贫精准性和效率。③ 李

---

① 杨文静. 绿色发展框架下精准扶贫新思考[J]. 青海社会科学，2016(3)：138-142.
② 刘永富. 以精准发力提高脱贫攻坚成效[N]. 人民日报，2016-01-11.
③ 宫留记. 政府主导下市场化扶贫机制的构建与创新模式研究——基于精准扶贫视角[J]. 中国软科学，2016(5)：154-162.

楠、陈晨提出，为了打好新时期扶贫攻坚战，必须全面推进社会扶贫体制机制创新，动员社会各方面力量参与扶贫开发。① 唐绍祥认为，应加强扶贫制度建设，完善政府扶贫机制，从扶贫目标、扶贫战略、具体组织制度建设、贫困监测系统建立、规范政府扶贫资金分配及扶贫资金管理和监督等方面加以完善。② 张宗毅、牛霞、文英认为，目前我国政府在农村的扶贫效率不是很高，要设计出一个激励相容的扶贫机制，以提高政府扶贫效率。③ 蔡科云提出，实现政府与社会组织的合作扶贫，可以矫治扶贫领域市场与政府的双重失灵。④ 李飞、曾福生提出，市场机制在扶贫脱贫中有着重要的作用，要积极将市场交易机制引入贫困地区，从而帮助贫困人口参与市场经济活动，从市场竞争中提升自身能力，获得市场收益。⑤ 王佳宁、史志乐提出，应从建立、健全和完善贫困退出的动力机制、补偿机制、风险防范机制、激励与约束机制、第三方评估机制等方面入手，构建贫困退出机制。⑥ 范和生提出，应构建由信息预警机制、组织预警机制、长效衔接机制、利益联结机制和考核监督机制等组成的返贫预警机制，严防脱贫人口返贫，巩固并稳步扩大脱贫成果。⑦ 二是实现脱贫的共享机制研究。陈成文、廖文提出，社会成员共享社会发展成果问题，实质上就是共享利益问题。⑧ 于昆提出，要实现共享发展，需要着重从利益共享、服

---

① 李楠，陈晨. 以共享发展理念引领农村贫困人口实现脱贫[J]. 思想理论教育导刊，2016(3)：65-68.

② 唐绍祥. 扶贫的机制设计与制度选择[J]. 经济地理，2006(3)：443-446，455.

③ 张宗毅，牛霞，文英. 我国政府扶贫机制再造研究[J]. 中国农业大学学报(社会科学版)，2006(4)：39-44.

④ 蔡科云. 论政府与社会组织的合作扶贫及法律治理[J]. 国家行政学院学报，2013(2)：33-37.

⑤ 李飞，曾福生. 市场参与贫困缓解[J]. 农业技术经济，2015(8)：82-88.

⑥ 王佳宁，史志乐. 贫困退出机制的总体框架及其指标体系[J]. 改革，2017(1)：119-131.

⑦ 范和生. 返贫预警机制构建探究[J]. 中国特色社会主义研究，2018(1)：57-63.

⑧ 陈成文，廖文. 制度困境与机会缺失：农民工共享社会发展成果问题研究[J]. 社会科学研究，2008(5)：93-101.

务共享和机会共享三个关键维度入手。其中，利益共享是实现共享发展的基础和前提，服务共享是实现共享发展的必要保障，机会共享为人民群众实现利益共享和服务共享提供了机遇和可能。① 龙静云提出，就"益贫"来说，其主要措施是不断完善面向城乡所有人口的社会保障制度和对贫困地区、贫困人口的利益补偿制度，并确保这些制度不偏离其要达到的公平目标。② 张屹、韩太平、舒晓虎提出，要建立和完善农村公共服务供给机制，加强政府间财政转移支付力度，引导财政资金向农村地区和贫困地区流动，增加农村医疗卫生、教育文化以及农村基础生产、生活设施等公共产品与服务的供给，为农村贫困治理创造良好的条件。③ 由此可见，实现脱贫，机制建设非常重要，在共建机制建设方面，应突出政府扶贫的主导作用，按照精准扶贫、精准脱贫的要求开展工作；搭建一个政府、市场和社会三者联动的扶贫机制，形成大扶贫格局，以提高扶贫脱贫效率；注重扶贫脱贫的管理，完善退出机制、返贫预警机制等。在共享机制的建设方面，以实现利益共享为核心，完善社会保障制度、转移支付制度、公共服务供给机制等，以提高贫困人口的共享水平。

三、基本思路和研究方法

（一）基本思路

本书以农村贫困人口实现脱贫为研究对象，以马克思主义共享思想和中国特色社会主义理论中关于"共同富裕""人的全面发展""共建共享"思想为理论依据，以党的十八大以来习近平总书记提出的共享发展新理念为指导，立足于此前中国农村贫困人口在经济、政治、文化、社会、生态领域共享不足的现状，全面、深入地剖析致贫原因和制约脱贫的主体性、制

---

①　于昆. 实现共享发展的三个维度[J]. 中国高校社会科学，2016(5)：21-25.

②　龙静云. 共享式增长与消除权利贫困[J]. 哲学研究，2012(11)：113-119.

③　张屹，韩太平，舒晓虎. 共享发展理念下的中国农村贫困治理：逻辑演变与路径再造[J]. 贵州省党校学报，2016(3)：107-112.

度性、结构性、机制性因素，以改革开放以来我国取得的脱贫成就和脱贫成功的典型模式为经验借鉴，构建共享发展理念指导下农村贫困人口脱贫的路径框架，提出实现共享发展的具体策略。

（二）研究方法

本书以共享发展理念指导脱贫为研究对象，由于研究对象的性质决定了研究方法，而方法在一定程度上决定着结论，因此，本书必须以马克思主义理论为基本依据，综合哲学、经济学、社会学多学科方法来加以研究。具体来讲，主要运用了以下研究方法。

1. 文献研究法

本书通过大量查阅、分析已有的同类研究或相关研究，包括马克思主义文献、相关论文、学术著作、统计资料、调查研究报告及官方文件等，了解现阶段该领域的研究水平，借鉴该领域中已有的理论成果，在此基础上作进一步深入的研究。通过对相关研究文献进行查阅、比照、分析、判断、整理，获得新论据，找到新视角，形成新认识，从而找出共享发展理念指导脱贫的本质属性或内在规律，以增强本书的说服力，为深入研究脱贫问题提供理论支撑和指导。

2. 系统研究法

脱贫是一个系统工程，必须从整体与结构、整体与层次、整体与环境的角度去分析。从整体性出发，把研究内容分为理论来源、历史回顾、现状分析、案例借鉴、实现路径这五大方面。从层次性出发，考察经济共享、政治共享、文化共享、民生共享、生态共享与脱贫之间的联系，进而认清共享发展指导脱贫的本质和规律。从结构性出发，考察脱贫进程中存在的主体性、制度性、结构性和机制性制约因素，从而为提出脱贫对策提供依据。

3. 定量分析法

通过对研究对象的某些性质、特征、相互关系从数量上进行比较，用数量加以描述，以提高研究的准确度。在针对贫困人口共享不足研究方面，本书通过对相关数据进行整理分析，以表格、图表的形式得出分析结果，从模糊的定性判断走向准确的数量展示，增加了研究结论的科学性。

4.案例研究法

本书以几个具有代表性的脱贫成功的典型案例作为样本，以期从中发现脱贫的一般规律和特殊性，进而指导研究得出科学的结论。在案例选取过程中，通过多种渠道进行资料收集，并把所有数据资料汇合在一起进行交叉分析，总结出脱贫成功的基本经验，提高了研究的可信度。

5.历史与逻辑相统一的方法

历史和逻辑的统一是辩证思维的重要原则。这一方法的应用既是保证思维正确性的需要，又是研究新事物、总结新成果、建立科学理论体系的有效认识方法。本书从历史的角度对我国脱贫进程进行系统梳理，揭示脱贫所具备的基本范畴和要素，只有用历史和逻辑相统一的方法，才能厘清实现脱贫的基本思路，便于我们掌握共享发展理念指导农村贫困人口脱贫的内在规律。

四、研究的主要观点和创新点

（一）研究的主要观点

第一，以共享发展理念指导农村贫困人口脱贫具有重要意义，体现在共享发展理念指导脱贫是社会主义的本质要求、是社会和谐的现实需要、是全面建成小康社会的战略需要等方面。

第二，农村贫困人口贫困的原因与经济、政治、文化、社会、生态各领域发展成果共享不足有着重要的关系。

第三，共享发展理念下农村贫困人口脱贫的制约因素主要有四个方面，包括主体性因素（扶贫主体与脱贫主体综合因素）、结构性因素（城乡二元结构与产业结构综合因素）、制度性因素（农村土地集体所有制和村民自治制度综合因素）、机制性因素（共建和共享机制综合因素）等，本书对这些制约因素进行了详细的分析。

第四，现有的几种脱贫模式及成功经验为最终实现农村贫困人口脱贫提供了宝贵的经验和启示。通过对毕节模式、塘约模式、庆阳模式进行集中研究，借以总结脱贫的一般规律和特殊规律。

第五，从破解四大制约因素着手揭示共享发展理念下实现全面脱贫的实践逻辑：一是重建扶贫主体结构，拓展多元化扶贫主体；推进智力扶贫，提升贫困人口脱贫能力。二是深化农村集体土地制度改革，夯实脱贫制度基础；完善土地收益分配制度，增加贫困人口财产性收入；完善村民自治制度，保障农民民主权益。三是实施生态+特色产业扶贫，增强贫困地区发展内生动力；统筹城乡一体化发展，实现城乡基本公共服务均等化。四是完善政府扶贫工作机制，完善收入分配调节机制，完善政治权利保障机制，完善监督机制，完善考评机制。

(二) 研究的创新点

第一，从研究角度方面看，从共享发展这个视角分析农村贫困人口的贫困状况与经济发展成果共享不足有着很大的关联性，揭示出农村贫困人口的权利贫困、机会贫困、知识贫困、生态贫困现状与政治发展成果、社会发展成果、文化发展成果、生态文明建设成果共享不足方面有着密切的关系，这在以往的研究里还不多见。

第二，从研究内容方面看，提出了阻碍农村贫困人口脱贫的主要制约因素包括四个方面：主体性因素、制度性因素、结构性因素、机制性因素，并结合 2020 年脱贫目标的完成，重点对破解这四个制约脱贫的因素进行了详细的路径分析，此举具有一定的创新性。

第三，从研究方法方面看，以几个具有代表性的脱贫成功的典型案例作为样本，以期从中发现脱贫的一般规律和特殊性，进而指导研究得出科学的结论，在案例选取过程中，通过多种渠道进行资料收集，并把所有数据资料汇合在一起进行交叉分析，总结出提高农村贫困人口的共享水平是脱贫成功的基本经验，增加了本研究的可信度，在这一方面具有一定的新意。

第一章 共享发展理念的理论基础

共享发展理念虽然是在党的十八届五中全会上提出的新理念，但这一理念的形成有着深刻的理论基础和思想来源，是对马克思主义的继承、丰富与发展，体现了党对社会主义建设、改革基本规律认识的进一步深化。

第一节 马克思主义经典作家的共享发展思想

马克思、恩格斯等经典作家在对资本主义剥削本质的揭露及批判的基础上，揭示出资本主义社会不可能实现共享发展，因为劳动者不是作为共享主体而存在，而是处于被压迫、被剥削的极不平等的地位。因此，他们认为在社会主义、共产主义制度下，劳动者才能享有平等的地位，才能真正成为共享的主体，同时，他们对共享的内涵及其实现途径也作了详细的阐述。

一、共享发展的主体

马克思指出，人类历史就是一部人民群众实践史、奋斗史，人民群众是推动历史进步的主体，是社会变革的决定力量，是社会物质财富和精神财富的创造者。他们既然是推动社会进步的主要力量，自然也应该享有社会发展取得的各项成果。

（一）人民群众是共享发展的主体

人民群众是从事实践活动的现实的人。马克思、恩格斯指出："全部人类历史的第一个前提无疑是有生命的个人的存在。"①他们指出社会发展的历史是由人的发展历史体现出来的，人是社会发展的历史起点，"历史什么事情也没有做……历史不过是追求着自己目的的人的活动而已"。② 这里所说的人，是从事实践活动的、进行有目的的、能动的物质生产的现实的人。在主体改造客体的实践活动中，人民群众的主体性才能体现出来；人民群众不是一个离开具体实践的"抽象的""纯粹的"个人概念。列宁也指出，人民群众是推动国家发展的主要力量，"一个国家的力量在于群众的觉悟。只有当群众知道一切，能判断一切，并自觉地从事一切的时候，国家才有力量"。③

人民群众是实现共享发展的决定力量。马克思、恩格斯指出，人民群众是一切生产力中最活跃、最重要的因素，在历史发展进程中起决定性作用，不是以偶然性表现着的个体主体，而是代表历史方向的人民群众，他们以一种作为整体的、合目的和合规律相统一的力量共同创造了人类历史，成为人类社会历史前进的决定性因素。人民群众的实践活动——物质财富和精神财富的创造，维持着人类社会的存在和发展，推动着人类社会历史的不断前进和发展。因此，人民群众是社会物质资料生产方式的主体，也是社会发展的历史主体，是实现共享发展的决定力量，社会活动的结果自然应该由人民群众共同享有。

人民群众是一个历史范畴。马克思、恩格斯认为，在社会主义社会发展阶段，人民群众指的是社会成员中的绝大多数，主要包括工人阶级（无产阶级）、农民阶级和其他劳动阶级。人民群众是历史主体中最大的群体主体，是生产方式的主要承担者，是创造历史的真正动力，是推动人类社会发展的正能量；"历史活动是群众的活动，随着历史活动的深入，必将是群众队伍的扩大"。④ 也就是说，随着人民群众队伍的不断扩大，达到一

---

① 马克思恩格斯文集(第 1 卷)[M]. 北京：人民出版社，2009：519.

② 马克思恩格斯全集(第 2 卷)[M]. 北京：人民出版社，1957：118-119.

③ 列宁全集(第 33 卷)[M]. 北京：人民出版社，2017：16.

④ 马克思恩格斯文集(第 1 卷)[M]. 北京：人民出版社，2009：287.

定程度的时候，也就是随着人民群众的力量达到一定阈值的时候——实现人类解放之际，作为阶级的人民群众将退出人类历史舞台，被由每一个实现自由而全面发展的个人组成的联合体所取代。列宁也指出，建立社会主义制度，到"那时候，共同劳动的成果以及各种技术改良和使用机器带来的好处，都由全体劳动者、全体工人来享受"，① 但在社会主义阶段，社会仍然存在少数破坏和反对社会主义事业的人，这些人不能和人民一起共享发展成果。也就是说，列宁认为，在社会主义社会里受生产力和社会发展阶段所限，共享的主体是广大的劳动人民即大多数社会成员。而进入共产主义社会，马克思、恩格斯、列宁都认为通过无产阶级运动消灭阶级、消灭剥削，通过大力发展社会生产力促进人类社会快速进入消灭分工、整个社会生产力高度发展的时期，这时才能实现社会发展的各项成果都能够被全体社会成员共同享有，此时，共享的主体将不分阶级、地域、民族、性别，具有全民性。

（二）人民群众主体性的体现

马克思把"人以一种全面的方式，也就是说，作为一个完整的人，占有自己的全面的本质"②视为最高意义上的共产主义，即只有把实现每个人的自由全面发展作为共享发展的终极价值追求，人民群众成为共享发展的主体才能真正得以实现。

人民群众的主体性体现在社会关系的全面发展上。马克思认为，人的本质是一切社会关系的总和。人的发展总是离不开一定的社会关系的制约，"社会关系实际上决定着一个人能够发展到什么程度"。③ 在资本主义条件下，社会关系是建立在物质金钱基础上的扭曲的社会关系，人的发展是以牺牲个人的全面发展为代价，人仅仅成为创造物质财富的手段，成为金钱资本的奴隶。资本主义社会"几乎把一切权利赋予一个阶级，另方面

---

① 列宁选集(第 1 卷)[M]. 北京：人民出版社，1972：400.
② 马克思恩格斯全集(第 42 卷)[M]. 北京：人民出版社，1979：123.
③ 马克思恩格斯全集(第 3 卷)[M]. 北京：人民出版社，1960：295.

却几乎把一切义务推给另一个阶级"，①"一些人靠另一些人来满足自己的需要，因而一些人（少数）得到了发展的垄断权"，② 在这种情况下，社会发展成果只会被少数统治阶层所垄断，绝大多数人享受不到应有的社会发展成果，人民群众不可能成为社会发展成果共享的主体。所以，生活在一定社会关系中的人要实现自身的自由全面发展，就必须冲破社会关系对自身的束缚，使自己成为自身的主人，这只有在公有制基础上才能实现；也就是把社会生产力发展到足够大的规模以至于能满足社会所有成员的现实需要，并将社会的各种生产资料、人民群众实现自身自由全面发展所需的各种资料，都平等地、充分地交给全体社会成员来支配，彻底地结束满足一些人的需求要通过剥夺另一些人的利益的状况；通过消除旧的分工，发展产业、教育，城乡实现融合，使社会所有成员共享大家创造出来的财富，彻底地消灭私有制、消灭剥削、消灭阶级差别和对立，为全体成员实现充分的发展创造充分的制度条件，这样，才能真正体现出人民群众既是财富的创造主体又是财富的共享主体的主体地位。

人民群众的主体性体现在个人的需要的不断满足和发展上。人的发展包含着多方面需要的发展，也即是所有社会成员都是为了使自己满足某种需要而去选择劳动，通过劳动才能满足发展需要，否则他就不可能实现发展。人的需要的全面发展是一个包括生存、享受和发展等层次递进的丰富体系。生存需要是人的最初需要，也是最基本的需要，是满足个人实现自由发展这一最高层次需要的前提条件，与之并存的是政治、经济及文化等各领域的需要。马克思指出，在私有制条件下，每个人都有利己的思想，都想通过支配他人而获得更多的利于自己发展所需要的资料，这是私有制的本质反映。也就是说，在资本主义制度下，一些人（少数）通过剥削另一些人（多数）来满足自己的需要，而多数的受压迫和受剥削的人通常会通过斗争的形式获得自身最迫切的需要，因此为了斗争不得不暂时放弃任何发

---

① 马克思恩格斯选集（第4卷）[M]. 北京：人民出版社，1995：178.
② 马克思恩格斯全集（第3卷）[M]. 北京：人民出版社，1960：507.

展的可能性；只能是对物的直接的、片面享受，而不能获得多种需要。只有到了共产主义社会，消灭了私有制，人得以彻底解放，把人的物质生产与精神生产统一起来，"个人才能获得全面发展其才能的手段"。① 人们可以进行最全面、最自由的选择，从而实现人的需求的多方面发展。人的各种需求的满足实质上就是实现各领域的共享，这是人民群众主体地位得以确立的重要体现。

人民群众的主体性体现在人的能力的全面发展上。马克思指出，社会中的所有成员都会为了自身的自由全面发展而不断地提升自己的一切能力。每个人实现自由而全面的发展，就是要使个人具备适应不同劳动需求的能力，这是最基本的能力，并且能够通过自身努力在不同的劳动过程中得到各种能力的提升和发展，而且每个人能力的发展是多维度的，不只是具有最基本的生产能力就可以的，而是一个以基本生产劳动能力为核心的多维的能力体系的构建过程，是体力和脑力、潜在能力和现实能力、个体能力和集体能力的辩证统一。但在私有制条件下，人在"某种智力上和身体上的畸形化，甚至同整个社会的分工也是分不开的"。② 社会分工使工人从小就转化为局部机器的一部分，工人成了可有可无的机器附属品，自身应具备的最基本的各种劳动技能也逐渐消失，最终只能依赖于资本家才能生存，更谈不上能力的全面发展。而在社会主义条件下，实现了劳动者和劳动资料的统一，劳动者能在恢复最基本的生产技能的基础上，不断提升和求得全面发展（如拥有多方面的技能）。人民群众只有具备了各种能力，才能成为社会发展的建设主体，从而共享发展成果，这是人民群众主体地位实现的根本前提。

人民群众的主体性体现在人的个性的自由发展上。马克思指出："'特殊的人格'的本质不是人的胡子、血液、抽象的肉体的本性，而是人的社会特质。"③人只是在同他人的社会作用中才能形成自己的独特人格，形成

---

① 马克思恩格斯全集(第 3 卷)[M]. 北京：人民出版社，1960：84.

② 马克思恩格斯全集(第 42 卷)[M]. 北京：人民出版社，2016：373.

③ 马克思恩格斯全集(第 1 卷)[M]. 北京：人民出版社，1956：270.

自己的个性。个性的自由发展就是自由个性的形成，就是在一定的社会关系里，以个人能力的全面发展为基础，根据自己的实际情况来极大地表现和施展自己的创造才能，这样就可以自由地享受其个人生活和社会生活。但在资本主义社会里，大多数个人不能占有社会生产力和交往形式，而只为少数剥削者和私有者所占有；他们无法实现个性的发展，反而同个人及其个性的自由全面发展相异化。只有在理想的共产主义社会形态中，只有当人与自然、个人与社会实现了全面和谐的关系时，人的肉体和精神的潜能才能得到充分的展现，人的个性才能得到充分的发挥，从而个人才能获得最大限度的完整性，这也是人民群众主体地位的最高体现。

（三）人民群众主体性的根本保障

马克思指出，实现"人民主体性"是广大无产阶级的历史使命。在无产阶级的领导下人民获得了主体地位，历史证明，只有坚持无产阶级的领导，才能保障人民群众共享发展的主体地位。

无产阶级的领导是人民主体地位得以实现的根本保障。马克思、恩格斯分析指出，以往的一切阶级在领导人民群众通过各种斗争获得了统治权以后，总是要致力于维护其统治地位的，并且将其领导权的意志灌输给人民群众以巩固其领导地位并保障人民群众的社会主体地位。所以，无产阶级会尽一切可能彻底地消灭社会现有的占有方式，特别是彻底地消灭全部至今仍存在的占有方式——私有制，只有这样才能极大地解放生产力，推动生产力的发展。由此看来，无产阶级并不是为自身利益而进行革命的，而是为了彻底地消灭私有制。而当我们回顾历史时，我们发现发生过的许多运动或革命都是少数人的运动或革命，或者都是为少数人谋利益的运动或革命。但是无产阶级的运动或革命都是为了绝大多数人的利益的，只有这样才能争取人民群众的拥护和维护，建立起无产阶级统治，才能获得解放，而只有无产阶级掌握领导权，革命才能胜利。

共产党是保障人民实现主体地位的核心力量。共产党在成立之初就提出其是无产阶级的政党，是带领无产阶级及全人类获得解放的先进政党，是为大多数人谋利益的，是工人阶级的先进组织，没有共产党，就不可能有无产阶级的解放。而实践也证明，共产党人在各国工人政党中起到了中流砥柱的作用，是最坚决的、始终起到推动工人运动不断发展的重要力量；理论方面也表明，他们掌握着最先进的思想，他们了解无产阶级运动的条件、进程和一般结果，比一般的无产阶级群众更具有先进性。因此，只有在共产党的领导下，无产阶级才能认清本阶级的历史地位和使命，明确前进的方向，找到正确的革命道路，巩固自己内部的团结以及与其他同盟军的团结，抵制和克服非无产阶级各种落后思想的腐蚀，进而取得革命的胜利。只有当无产阶级通过共产党的领导获得了整个世界，才能在自由联合体中通过"自主活动"真正实现人民主体地位的独立。

二、共享发展的制度基础

马克思主义者认为，共享发展不仅是某一领域的局部的共享，共享的内涵应当涵盖经济、政治、社会等人类生存发展的一切领域。

（一）生产资料的共同占有和劳动成果的公平分配

马克思早就指出，自由、平等对财产具有依赖性，无产阶级和人民大众在极端困苦的条件下，所谓的自由、平等、民主对他们来说都是空谈，因此，实现经济领域的共享是实现政治、社会及其他一切领域共享的基础。

1. 生产资料的共同占有

马克思指出，生产资料的任何一种分配，都不过是生产条件本身分配的结果，而生产条件的分配，则表现生产方式本身的性质。也就是说，生产资料共同占有的方式，或者生产资料的所有制关系是全民参与劳动过程、全民共享劳动成果的决定性基础。一是生产资料的共同占有决定了全体劳动者公平参与劳动过程。马克思在分析私有制时批判性地指出，在资本主义社会，由于工人阶级不占有生产资料，劳动者在进入劳动过程之前就与劳动资料相异化了："实现劳动所需要的一切对象的要素，都表现为同工人相异化的、处于资本方面的东西：劳动资料是如此，生活资料也是如此。"①生产资料的异化决定了工人与自己的劳动过程相异化，决定了劳动者不可能公平参与劳动过程，也就不可能参与劳动产品的公平分配。而在社会主义条件下，对私有财产的积极扬弃，工人和劳动产品的分离、丧失对劳动过程的控制等将随之被扬弃；使工人与劳动资料回归本有的统一，使全体劳动者都能平等地参与整个劳动过程，这是实现劳动者共享发展成果的前提。二是生产资料的共同占有决定了全体劳动者共享劳动成果。在资本主义社会，生产资料的异化决定了工人与自己的劳动成果相异化。也就是说，在私有制条件下，劳动者不仅不能享受自己生产的劳动产品，而且还被自己所创造的劳动产品所奴役。因为，劳动者生产出来的产品能够使资本家获得剩余价值，而剩余价值则可以转化为奴役活劳动的资本。由此，我们看到这种现象，即当社会财富越来越多时，工人反而成为被奴役的对象，也就是说社会生产的产品的数量越多，工人受奴役的程度也就越深，广大劳动者被剥削得一无所有，始终处于贫困状况。由此我们就能清楚地看到资本主义社会的本质，也就是劳动者创造的商品越多，他就会变成资本家手中的可以创造剩余价值的廉价的商品，使得社会财富创造得越多，劳动者就越贫穷的社会现象普遍化。所以，只有彻底地消灭生产资料私有制，劳动人民联合占有生产资料，生产才不再是为资本家谋利润的生产，而是为全体社会成员创造自由全面发展条件的生产，才能实现劳动者共同参与并管理生产过程，劳动产品实行按劳分配或按需分配。

2. 劳动成果的公平分配

劳动成果的公平分配是经济领域共享的直接体现。一个社会或一个社会特定发展阶段的分配关系直接关系到全体社会成员能否平等、公平地分享经济发展的成果，从而真正实现共享发展。一是分配关系由生产关系所决定。在相关的经典著作中，马克思这样阐述："资本主义生产方式的基础是：生产的物质条件以资本和地产的形式掌握在非劳动者手中，而人民

---

① 马克思恩格斯全集(第32卷)[M]. 北京：人民出版社，1998：153.

大众所有的只是生产的人身条件，即劳动力。既然生产的要素是这样分配的，那么自然就产生现在这样的消费资料的分配。如果生产的物质条件是劳动者自己的集体财产，那么同样要产生一种和现在不同的消费资料的分配。"①我们可以这样理解，在私有制条件下，由于少数人垄断了生产资料，社会发展成果被少数统治阶层占有，绝大部分人不能平等地享受社会发展成果，导致在资本主义社会财富占有上出现了严重的两极分化。而在社会主义社会里，由于生产资料公有制决定了生产成果实行按劳分配的分配方式，所以，绝大部分人都能平等地享有社会发展成果。正如马克思指出的："分配本身是生产的产物，不仅就对象说是如此，而且就形式说也是如此。就对象说，能分配的只是生产的成果，就形式说，参与生产的一定方式决定分配的特殊形式，决定参与分配的形式。"②列宁也认为："只有社会主义才可能广泛推行和真正支配根据科学原则进行的产品的社会生产和分配，以便使所有劳动者过最美好的、最幸福的生活。"③他突出强调了在社会主义社会里，劳动者创造的社会总产品能为全体社会成员所共享。二是实行按劳分配才能实现成果共享。马克思指出，社会总产品不能全部用于分配，首先要做出必要的扣除。这部分必要的扣除主要包括六项：用于维持简单再生产、扩大再生产和应付不幸事故、自然灾害等所需要的费用；还有一般管理费用，满足共同需要的如包括学校、保健设施等所需要的费用部分，以及要留存一部分基金用于救济社会上的那些穷人，弱势群体如妇女、老人和儿童——也就是官办济贫事业的部分。恩格斯也指出，社会总产品除了拿出一部分用以补偿和增加自己的生产资料之外，还要拿出一部分作为生产和消费的后备基金积累起来。他强调这是非常必要的，一旦全部劳动产品被分掉，社会最重要的进步职能也就是积累会被剥夺，并且被小部分人所掌握和支配。那么，社会扩大再生产就无法继续，弱势群体、贫困者得不到救济，贫富差距就会逐渐扩大。其次在作了各项必要

① 马克思恩格斯选集(第3卷)[M]. 北京：人民出版社，1995：306.
② 马克思恩格斯文集(第8卷)[M]. 北京：人民出版社，2009：19.
③ 列宁选集(第3卷)[M]. 北京：人民出版社，1995：546.

的扣除以后，每一个生产者应当按照他个人的劳动量来进行公平分配。那么如何实现公平分配呢？恩格斯进一步指出，劳动者可以从社会领得一张能够证明他提供了多少劳动（扣除他为公共基金而进行的劳动）的相关凭证，并根据这张凭证从社会积累中领得一份耗费同等劳动量的消费资料。他以一种形式给社会提供相应的劳动量，又以另一种形式领回来。这种分配遵循的就是按劳分配原则。实行按劳分配不是平均分配，而是要承认个人先天禀赋的不同，每个人的工作能力存在差异，因而，由于这种天然特性的存在使得人们获得的分配会有所不同，但总的来讲是坚持按劳分配的基本原则。恩格斯还进一步补充，按劳分配虽然会有差别，但不会导致劳动报酬上的高低悬殊，如果出现了劳动报酬的高低悬殊，那就表明按劳分配原则被破坏了。由此可以看到，按劳分配保证了全体社会成员对社会总产品的共享，进而激发出全体社会成员的积极性和创造性，促进社会生产力的迅速发展。

（二）建立社会主义国家和社会主义民主政治制度

马克思主义者虽没有直接和明确地提出政治共享这一概念，但是马克思主义者关于国家、民主、公平正义等政治观念的理论阐释均包含有丰富的共享思想。

1. 建立社会主义国家实现政治共享

政治共享是实现社会全体人民共享社会发展成果的前提条件。实现政治共享，首先要解决的是人与国家之间的关系问题。国家的性质不同，人在社会生活中获得自由发展的程度也不同。马克思、恩格斯批判性地指出，资产阶级国家是与资本主义私有制相适应的，国家的命运操纵在私有者手里，"实际上国家不外是资产者为了在国内外相互保障各自的财产和利益所必然要采取的一种组织形式"。[①] 列宁也指出：资本主义国家是"存在着土地和生产资料的私有制、资本占统治地位的国家……都是资本家用

---

① 马克思恩格斯选集（第 1 卷）[M]. 北京：人民出版社，1995：132.

来控制工人阶级和贫苦农民的机器"。① 因此，资本主义的私有制决定了其国家权力掌握在少数人手里，从而使国家完全服务于少数人的利益，事实上的不平等严重制约着人们自由的实现，所以，资本主义制度与政治共享是不相容的。因此，无产阶级必须通过革命来推翻使人成为被侮辱、被奴役、被遗弃和被蔑视的东西的一切关系，铲除维护统治阶级特殊利益的私有制，由新的制度来替代它，建立无产阶级专政的国家。这种无产阶级专政的国家是能够消灭一切阶级差别的，能最大限度地保全和实现人的自由，保障人在国家中的应有地位。

2. 确立社会主义民主政治制度

确立民主政治制度是实现政治共享的制度基础。建立无产阶级专政的社会主义国家只是实现政治共享的第一步，解决的是人与国家之间最基本的逻辑关系。而要真正实现政治共享，不取决于国家，而是取决于人的发展，即民主制度是否能实现人的自由全面发展。马克思主义者批判性地指出，资本主义的民主政治由于建立在私有制基础之上，它不可能按照民主的真实含义，即由人民当家做主来设计国家形式。因此，资本主义的民主政治实质是维护资产阶级的利益，对于广大劳动者而言，这种民主不仅是虚伪的，而且是一种剥削和压迫。真正的民主制度是人民掌握国家权力，国家完全服务于人民的利益，在这种制度下人才能实现自由全面发展，才能实现人的彻底解放。也就是说，民主制中，国家本身并不是目的，组成国家的活生生的人才是政治制度和政治生活的目的。正如马克思所指出的："在民主制中，不是人为法律而存在，而是法律为人而存在；在这里法律是人的存在，而在其他国家形式中，人是法定的存在。民主制的基本特点就是这样。"②因此，只有实行无产阶级民主，一切公民才有权直接参与国家政治、经济、社会以及其他各方面的事务。马克思把人民群众广泛地参与立法、能够行使立法权力视为人民群众参与国家的主要途径，也是

---

① 列宁选集(第4卷)[M]. 北京：人民出版社，1995：37.
② 马克思恩格斯全集(第3卷)[M]. 北京：人民出版社，2002：40.

实现政治共享的主要体现。马克思在总结巴黎公社民主经验时指出，巴黎公社包含着"真正民主制的萌芽"："普选权在此以前一直被滥用，或者被当作议会批准神圣国家政权的工具，或者被当作统治阶级手中的玩物，只是让人们每隔几年行使一次，来选举议会制下的阶级统治的工具；而现在，普选权已被应用于它的真正目的：由各公社选举它们的行政的和创制法律的公务员。从前有一种错觉，以为行政和政治管理是神秘的事情，是高不可攀的职务，只能委托给一个受过训练的特殊阶层。"①列宁也指出，广大劳动人民应享有政治发展成果，集中表现为广大劳动群众能够参与国家的各项事物的管理，参与国家监督，并拥有自由的选举权和罢免权。在社会主义制度下，"人民群众在文明社会史上破天荒第一次站起来了，不仅独立地参加选举和投票，而且独立地参加日常管理。在社会主义条件下，所有的人将轮流来管理，因此很快就习惯于不要任何人来管理"。② 由此看来，社会主义国家建立之后，确立社会主义的民主政治制度，才能保障公民参与国家管理和监督，享有各项政治权利。

3. 实现人民的政治参与

有序的政治参与是实现政治共享的根本途径。自觉有序的政治参与，能够保障全体社会成员有更多、更加公平地参与国家事务和社会事务管理的机会，逐步实现全体社会成员的政治权利共享，进而促进社会民主的自身完善和发展。对资本主义民主制度发展历程的分析，凸显出资产阶级对广大人民群众政治参与和民主监督的权利的剥夺。一是由于资产阶级普选制的虚伪性。马克思指出，"任何一个时代的统治思想始终都不过是统治阶级的思想"，③ 作为资产阶级统治方式的代议制民主，不过是资产阶级实现阶级利益的政治工具，它仅仅是资产阶级所享有的政治统治形式。对于广大的人民群众而言，代议制政体只不过是一种形式上的民主，是虚幻的政治形式，是有产者对无产者剥削和压迫的手段，人民根本不能通过普选

---

① 马克思恩格斯选集(第 3 卷)[M]. 北京：人民出版社，1995：96.
② 列宁选集(第 3 卷)[M]. 北京：人民出版社，1995：217.
③ 马克思恩格斯文集(第 2 卷)[M]. 北京：人民出版社，2009：51.

真正实现其参与国家事务的权利，代议制民主对广大人民群众不会产生什么实质性的影响，权力的监督只是空洞的理论设想。资产阶级为了阻止无产阶级乃至整个社会的解放，最终结果必然就是废除普选权，防止无产阶级"政治的复辟"，从根本上剥夺无产阶级参政的权利。二是由于"三权分立"制度的阶级局限性。"三权分立"制度是资产阶级对付广大人民群众民主权利的工具，它实质上是为了加强中央政权的力量，制约广大人民群众的政治参与和干扰，确保统治阶级利益的制度体系。在"三权分立"体系的设计之初，其主要目的就是为了对付和压抑民众权利的发挥。在宪法的制定中它彻底排除了体现人民民主权利的内容，宪法条文的原则规定严重限制了大多数民众民主权利发挥作用的渠道。马克思指出，只有在社会主义社会广大人民群众才能成为政治参与的主体。在总结巴黎公社经验时，马克思、恩格斯肯定了巴黎公社通过普选制、监督制让人民参与国家管理的经验，肯定了"把行政、司法和国民教育方面的一切职位交给由普选选出的人担任"①的做法，并创造性地提出"人民管理制"的概念，即人民直接参与到国家的政治经济活动中，直接或间接地参与国家管理，而实现人民群众参与政治管理的有效途径即是选举。因此，这种社会民主能够保障全体人民的选举权和被选举权，使人民群众能够真正地享有政治权利。巴黎公社就是这种社会民主的存在形式，不仅能够保障普通人民群众参与政治选举等活动，而且还使得他们成为国家机关的工作人员，进而促使他们广泛而直接地参与到国家与社会事务的管理之中，并对其进行监督。正如马克思说的，"这是人民群众把国家政权重新收回，他们组成自己的力量去代替压迫他们的有组织的力量；这是人民群众获得社会解放的政治形式"。② 同时，在巴黎公社的革命实践中，马克思还看到了民主监督的力量，强调人民是公社代表权力的直接赋予者，代表的权力行使必须受到人民的监督。列宁也指出，人民享有选举权和监督权，"管理社会和国家大

---

① 马克思恩格斯选集(第3卷)[M]. 北京：人民出版社，1995：13.
② 马克思恩格斯文集(第3卷)[M]. 北京：人民出版社，2009：195.

事的官吏和公职人员要由选举产生"，"不是人民应当服从官吏，而是官吏必须服从人民"。① 社会主义社会的人民群众"不仅独立地参加投票和选举，而且独立地参加日常管理"。②

（三）充分就业、全民教育和必要的社会保障制度

1. 保障充分的劳动就业

恩格斯认为："劳动和自然界一起才是一切财富的源泉，自然界为劳动提供材料，劳动把材料变为财富。但是劳动还远不止如此。它是整个人类生活的第一个基本条件，而且达到这样的程度，以致我们在某种意义上不得不说：劳动创造了人本身。"③马克思、恩格斯在对资本主义社会的雇佣劳动制、失业现象、劳动报酬等与劳动就业紧密相关的问题进行深入的分析和激烈的批判后指出，在资本主义社会，雇佣劳动制度，使劳动者完全隶属于资本并受到残酷剥削，活劳动为"死劳动"（资本）服务，劳动处于被束缚、被强制的状态。由于在资本主义社会里资本控制着劳动，资本需要劳动时，劳动就业才有意义，反之，则相反。随着资本有机构成的不断提高，也就是当资本不再需要那么多的劳动时，大量的劳动者被机器排挤，成为资本主义生产之外的失业者，由机器排挤人而造成的大量失业现象在资本主义社会成为一种必然。正如马克思指出的，"资本主义生产最美妙的地方，就在于它不仅不断地再生产出雇佣工人本身，而且总是与资本积累相适应地生产出雇佣工人的相对过剩人口"。④ 在资本控制之下的雇佣劳动中，工人的"工资不是工人在他所生产的商品中占有的一份。工资是原有商品中由资本家用以购买一定量的生产劳动的那一部分"。⑤ 资本家除占有有酬劳动以外，还榨取了工人阶级的无酬劳动，使得整个工人阶级的工资

---

① 列宁全集（第 12 卷）［M］. 北京：人民出版社，2017：89.
② 列宁全集（第 31 卷）［M］. 北京：人民出版社，1985：112.
③ 马克思恩格斯全集（第 20 卷）［M］. 北京：人民出版社，1971：509.
④ 马克思恩格斯全集（第 23 卷）［M］. 北京：人民出版社，1972：838.
⑤ 马克思恩格斯全集（第 6 卷）［M］. 北京：人民出版社，1961：477.

都始终处于最低限度，也就是仅仅能够维持其生存和延续后代的费用的价格。社会主义制度建立以后，在生产资料公有制的基础上，劳动者才能成为整个生产过程的主导者、生产资料的所有者、劳动产品的享有者。在社会主义条件下，剥削制度被彻底消灭，劳动者也从被剥削的地位里解放出来，不再受私有制的束缚，整个生产劳动过程也就彻底变了样，不再有阶级压迫，社会全体成员都能够公平获得全面发展自己和表现自己全部的体力和脑力的能力的机会，通过生产劳动，每一个社会成员获得了解放自身的手段，劳动过程也从一种受压迫、痛苦的过程变为了一种享受、快乐的过程。正如马克思和恩格斯指出的，只要资本主义制度存在，受压迫的劳动者失业就成为一种必然，失业就不可避免，而社会主义建立在生产资料公有制基础上，"生产资料的全国性的集中将成为由自由平等的生产者的各联合体所构成的社会的全国性的基础，这些生产者将按照共同的合理的计划进行社会劳动"。① 也就是说，只有在社会主义制度下，才有可能使劳动就业脱离剩余价值的绝对规律并科学合理地安排劳动力就业，真正解决失业问题。马克思和恩格斯还指出，只有在社会主义制度下，才能实现工资交易的等价交换，工人得到的工资等价于他所创造的价值。

2. 实现全民教育

马克思指出，教育是人类发展的正常条件和每个公民的真正利益。教育的目的在于培养人们自我生存和发展的能力，为人的全面自由发展奠定基础，进而推动社会的进步。教育是每个公民都应拥有的一项平等权利，这种平等表现为每个人智力和能力上发展的平等。但在资本主义社会，工人阶级及其子女在不平等的经济关系中处于被剥削、被压迫的地位而使得教育权被剥夺。在资产阶级国家使用童工从事长时间的机械劳动现象十分普遍，这使他们没有时间也没有权利接受教育，完全处于愚昧无知的状态，也就无法通过教育实现智力和能力上的发展，无法摆脱贫困的境地。马克思、恩格斯在《共产党宣言》中批判性地指出，资产阶级的教育是为资

---

① 马克思恩格斯选集(第3卷)[M]. 北京：人民出版社，2012：178.

产阶级服务的,是资产阶级的生产关系和所有制关系的产物,其实质是为资本家创造更多的利润。私有制条件下的教育,必然会产生不公平的教育。马克思认为,只有在共产主义社会,才能最终实现人的全面自由的发展,这是教育公平的最高理想。马克思在《共产党在德国的要求》中提出"实行普遍的免费的国民教育",① 恩格斯认为,国家应"出资对一切儿童毫无例外地实行普通教育,这种教育对任何人都是一样,一直进行到能够作为社会的独立成员的年龄为止"。② 马克思、恩格斯在《共产党宣言》中提出,无产阶级取得政权、实行无产阶级专政后,应"对所有儿童实行公共的和免费的教育"。③ 列宁也强调普及初等教育是国民教育的首要任务,为此制定了科学合理的教育政策,"对未满十六岁的男女儿童一律实行免费的普遍义务综合技术教育(从理论上和实践上熟悉一切主要生产部门)……由国家供给全体学生膳食、服装、教材和文具"。④ 他还号召在全国开展扫盲识字运动,兴办各类学校、阅览室及扫盲站,为劳动人民提供受教育的机会。

3. 建立必要的社会保障制度

马克思指出,必要的社会保障制度是一切社会形态所共有的,一个社会的经济运行和社会发展,都需要社会保障,全体社会成员都应当成为被保障的对象,每个人的自由全面发展应成为社会保障的目标。而在资本主义制度下,建立的社会保障只是资本主义社会掩盖其剥削性质的暂时性的措施,具有很大的欺骗性,是资产阶级迷惑工人阶级的一种手段,不能彻底改变劳动人民受压迫受剥削的状况。只是"资产阶级也装出一副大慈大悲的样子,——但也只是在他们自己的利益需要这样做的时候才如此"。⑤但是,资本家也通过"建立国家工厂,保证所有的工人都有生活资料,并

---

① 马克思恩格斯全集(第5卷)[M]. 北京:人民出版社,1958:5.
② 马克思恩格斯全集(第2卷)[M]. 北京:人民出版社,1957:614.
③ 马克思恩格斯选集(第1卷)[M]. 北京:人民出版社,1995:294.
④ 列宁全集(第24卷)[M]. 北京:人民出版社,1957:439.
⑤ 马克思恩格斯全集(第2卷)[M]. 北京:人民出版社,1957:568.

且负责地照顾丧失劳动力的人，实行普遍的免费的国民教育"①来达到缓和与工人阶级的矛盾的目的，但是这种矛盾关系的缓和只是暂时的，是为资本主义发展创造必要条件的，一旦发展稳定，这种矛盾又会凸显出来。所以，在私有制下实行的社会保障制度并不是真正为了改善劳动者们的生存状况，促进其发展，而是仅仅作为一种缓和阶级矛盾的暂时性手段来掩盖资本主义剥削的本质。共产主义制度下的社会保障是以生产资料公有制为基础的，无产阶级革命将"全部原料、生产工具和生活资料，从特权阶级的支配中夺过来，把它们转交给全社会作为公有财产，这样才真正把它们变成了社会的基金"，② 这样，社会保障资金来源于集体的劳动所得，保障的对象是全体社会成员。马克思还指出，社会保障水平要与一定的经济社会发展水平相适应，社会保障基金的扣除"应根据现有的物资和力量来确定"。列宁领导的十月革命建立了无产阶级的苏维埃政府，使无产阶级专政由理论成为现实，他所领导的苏维埃政府通过了诸多关于劳动者社会保险方面的法令，确定了社会保障的基本对象和类型，使社会保障具备了明确的社会主义性质。

三、共享发展的实现条件

社会主义从思想产生、运动发展、制度建立至今约有 500 年的时间。无论是空想社会主义者还是科学社会主义者，都始终把"消灭剥削、人人平等、追求共享"作为始终不渝的价值追求。实现全人类解放、人人共享发展必须具备两个条件：一是生产力条件，如果没有高度社会化的大生产、高度发达的生产力，就不可能实现每个人的自由全面发展，就不具备共享发展的基础；二是生产关系条件，即适应社会化大生产的要求，通过无产阶级运动和社会主义革命及建设，建立起生产资料公有制及相应的社会主义、共产主义社会。

---

① 马克思恩格斯全集(第 5 卷)[M]. 北京：人民出版社，1958：4.
② 马克思恩格斯文集(第 9 卷)[M]. 北京：人民出版社，2009：202.

（一）生产力条件

生产力的高度发展是实现共享发展的根本条件。从生产力与共享发展的关系来看，一个社会要实现共享发展，前提是要有高水平的生产力。马克思指出，在未来社会中"社会生产力的发展将如此迅速，以致尽管生产将以所有的人富裕为目的"。① 没有生产力的巨大发展，"那就只会有贫穷、极端贫困的普遍化；而在极端贫困的情况下，必须重新开始争取必需品的斗争，全部陈腐污浊的东西又要死灰复燃"。② 列宁也认为只有不断促进生产力的发展，提高人民生活水平，才能实现全体人民的共同富裕。他把生产力发展看成是社会进步的最高标准，认为劳动生产率"归根到底是保证新社会制度胜利的最重要最主要的东西"。③ 因此，发展生产力是实现共享发展的前提。

生产力与人类共享财富之间有着内在联系。生产力是一种物质力量，体现了人类创造财富的能力。马克思指出，在一定时期内，生产力的水平越高，那么劳动者们创造的物质财富和精神财富也就越多，劳动者共享的成果也就越丰富，共享水平也就越高；反之，则相反。如果社会生产力水平虽然发展了，但是也只能够维持劳动者自身和家庭的基本生存需求，这说明生产力总体水平还是比较低下的，在这样贫穷的社会里共享的结果只能是共同贫困。随着社会生产力的发展，劳动者创造的社会财富越来越多，不仅能满足劳动者本人和家庭的必要生活，还能有剩余，剩余产品的出现，将为劳动者实现共享提供客观的物质基础。因此，社会生产力水平越高，一定时期内创造的社会财富就越多，剩余产品也就越多，从而为实现"共享"奠定了雄厚的物质基础。但是，社会生产力的高度发展只是实现共享的重要条件之一。马克思指出："劳动生产力的提高和劳动强度的增加……在其他条件不变的情况下，必要劳动将会扩大自己的范围。一方

---

① 马克思恩格斯文集（第8卷）［M］. 北京：人民出版社，2009：200.
② 马克思恩格斯文集（第1卷）［M］. 北京：人民出版社，2009：538.
③ 列宁选集（第4卷）［M］. 北京：人民出版社，1972：16.

面，是因为工人的生活条件将会更加丰富，他们的生活要求将会增大。另一方面，是因为现在的剩余劳动的一部分将会列入必要劳动，即形成社会准备基金和社会积累基金所必要的劳动。"①这段话说明，在过去资本主义社会发展中已经积累了一定的社会财富，这是随着社会生产力的不断发展而获得的，这就为劳动者实现共享提供了一定的物质基础，但这仅仅是从社会生产一般的角度来说的。从另一个方面来理解，资本主义社会的大生产是在一定的生产资料所有制的关系中产生的，我们一旦进入更深层次也就是社会生产关系层面去考察时，我们就不难发现，劳动者创造的社会财富也就是生产的大量的产品能否实现共享，不取决于生产力发展带来多少剩余产品，而是取决于什么样的社会生产关系，即社会生产关系的性质决定了劳动者共享的程度。

（二）生产关系条件

首先是建立公有制。马克思指出，资本主义社会两极分化，劳动人民无法共享发展成果的根本原因在于生产资料私有制。马克思在批判资本主义生产关系的狭隘性时指出，无产阶级是一个被戴上锁链的阶级，"它必须承担社会的一切重负，而不能享受社会的福利，它被排斥于社会之外，因而不得不同其他一切阶级发生最激烈的对立"。② 因此，马克思、恩格斯旗帜鲜明地提出："共产党人可以把自己的理论概括为一句话：消灭私有制。"③列宁也认为只有消灭剥削制度和私有制，建立起公有制的社会主义制度，才能让全体人民过上幸福、美好的富裕生活。因此，必须取消私有制，要有"现实的共产主义行动"，"应当摒弃'做一天公平的工作，得一天公平的工资！'这种保守的格言，要在自己的旗帜上写上革命的口号：'消灭雇佣劳动制度！'"。④

---

① 马克思恩格斯全集(第44卷)[M]. 北京：人民出版社，2001：605.
② 马克思恩格斯文集(第1卷)[M]. 北京：人民出版社，2009：542.
③ 马克思恩格斯文集(第2卷)[M]. 北京：人民出版社，2009：45.
④ 马克思恩格斯选集(第2卷)[M]. 北京：人民出版社，2012：69.

其次是建立无产阶级专政。马克思、恩格斯认为，工人要想摆脱被剥削、被压迫的命运，共享发展成果，必须通过"工人解放这种政治形式"来实现。必须经过无产阶级革命，这是绝大多数人的、为绝大多数人谋利益的独立的革命运动，通过暴力革命推翻资产阶级的政治统治，建立无产阶级专政，消灭私有制，实现生产资料公有制，如此才能实现全体社会成员联合占有生产资料，实现全体社会成员共同占有劳动产品，这"不仅可能保证一切社会成员有富足的和一天比一天充裕的物质生活，而且还可能保证他们的体力和智力获得充分的自由的发展和运用"。① 列宁也指出："要消灭人民贫穷的唯一方法，就是自下而上地改变全国的现存制度，建立社会主义制度。"②"只有社会主义才可能广泛推行和真正支配根据科学原则进行的产品的社会生产和分配，以便使所有劳动者过最美好的、最幸福的生活。只有社会主义才能实现这一点。而且我们知道，社会主义一定会实现这一点，而马克思主义的全部困难和它的全部力量也就在于了解这个真理。"③他在《告贫苦农民》一文中说："我们要争取新的、更好的社会制度：在这个新的、更好的社会里不应该有穷有富，大家都应该做工。共同劳动的成果不应该归一小撮富人享受，应该归全体劳动者享受。机器和其他技术改进应该用来减轻大家的劳动，不应该用来使少数人发财，让千百万人民受穷。这个新的、更好的社会就叫社会主义社会。关于这个社会的学说就叫社会主义。"④

第二节　中国共产党关于共享发展的理论

马克思主义经典作家对共享发展的主体、内涵及实现途径的阐述，为中国共产党关于共享发展的理论和实践探索奠定了重要的理论基础。新中

---

① 马克思恩格斯文集(第9卷)[M]. 北京：人民出版社，2009：299.
② 列宁选集(第1卷)[M]. 北京：人民出版社，1972：400.
③ 列宁全集(第34卷)[M]. 北京：人民出版社，2017：356.
④ 列宁全集(第7卷)[M]. 北京：人民出版社，2013：112.

国成立之后，毛泽东继承、丰富和发展了马克思主义关于共享发展的思想，并对共享发展的实践作了初步探索，提出了具有一定价值的共享思想。改革开放以来，中国共产党始终把实现共同富裕、人的全面发展作为奋斗目标，为习近平总书记提出共享发展理念提供了有益的借鉴。

一、毛泽东的共享观

1956 年社会主义改造基本完成，标志着中国开始进入社会主义社会，中国共产党人的社会主义理想初步实现。但这时的社会主义基本上照搬苏联的社会主义模式，中国的社会主义到底怎么搞尚无定论。1956 年，毛泽东开始思考具有中国特点的共享发展之路。他提出了一些很有价值的新思想，对于形成科学化的共享发展格局具有重要的借鉴意义。

（一）为全体人民谋福利

中国共产党自诞生之日起，就把代表最广大人民的意志和利益作为自己的政治纲领。中共七大通过的党章明确规定，中国共产党"代表中国民族与中国人民的利益"。①

第一，共产党必须把人民的利益放在第一位，要实实在在为群众谋福利。毛泽东指出，共产党人"处处要想到群众，为群众打算，把群众利益放在第一位"。② 把是否合乎最广大人民群众的最大利益作为检验共产党人言行的最高标准，这是共产党员革命的出发点和归宿。

第二，社会主义建设必须处理好与人民的利益关系。首先，要十分重视农民的利益问题。毛泽东强调，农民的情况如何，对于我国经济的发展和政权的巩固关系极大，无论任何时候都不能忘了农民问题，不能忘了农民的利益。一方面要重视和支持农业发展，改善农民生产生活条件；另一方面减轻农民负担，赋税取之有度，精兵简政，休养民力。其次，必须保

---

① 中共中央党校党史研究室. 中共党史参考资料（第 5 册）[M]. 北京：人民出版社，1979：461.
② 建国以来重要文献选编（第 5 册）[M]. 北京：中央文献出版社，1993：409.

障少数民族人民的利益。毛泽东提出，既要反对大汉族主义，也要反对地方民族主义，要注重少数民族地区的经济发展和社会建设，在巩固民族团结的基础上共同建设社会主义。最后，要协调好国家、企业、个人三方面的利益关系。毛泽东指出，在社会主义制度下必须将国家利益、企业利益和生产者个人利益统一起来，不能只顾一头，必须兼顾。其中谈到必须关注生产者个人利益时，最主要的是坚持按劳分配原则，把生产者的劳动成果同他们的物质利益分配结合起来。当然，不能以损坏国家和企业利益来谋取个人利益。

第三，社会主义建设必须正确处理人民内部矛盾。毛泽东认为，人民群众是社会的主人，是创造历史的动力，是共产党能依靠的力量。正确处理人民内部矛盾，是团结人民群众开展社会主义建设的需要，一是抓住发展经济这一主要矛盾，改善公私关系和劳资关系。在社会主义建设初期，面对复杂的社会矛盾，党能牢牢抓住恢复和发展国民经济这个主要矛盾，提出了"公私兼顾，劳资两利，城乡互助，内外交流"的"四面八方"政策和"不要四面出击"的方针，合理调整工商业，改善公私关系和劳资关系，使各种经济成分在国营经济领导之下，分工合作，促进了整个社会经济的发展，为全体人民实现共享奠定了物质基础。二是采取"团结—批判—团结"的民主方法，化解与人民群众的矛盾。毛泽东指出有些干部不懂得用民主的方法解决问题，激化了与人民群众的矛盾，共产党必须采取民主的、说服教育的方法，决不允许采取命令主义态度和强制手段来处理人民内部矛盾。

（二）保障人民的民主权利

毛泽东是中国特色社会主义民主政治的创立者，其中一系列保障人民民主权利思想是值得肯定的，包括民主管理权、选举权与被选举权、监督权、民族自治权、男女平等权等，蕴含着丰富的政治共享思想。

第一，人民群众的民主管理权。毛泽东指出，人民群众的民主管理权"实际上，这是社会主义制度下劳动者最大的权利，最根本的权利。没有这种权利，劳动者的工作权、休息权、受教育权等等权利，就没有保证"，① 是居于首位的民主权利。在我们党的民主政治实践中，人民民主专政制度和人民代表大会制度的创建，从根本上保证了人民当家做主、管理国家事务的权利，是实现政治共享的重要途径。

第二，人民群众的选举权与被选举权。毛泽东指出，应给人民群众选举权与被选举权的实际民主权利。新民主主义革命时期，在毛泽东指导制定的《中华苏维埃宪法大纲》里，正式确立了根据地人民在政治上的平等地位。《中华苏维埃宪法大纲》规定："在苏维埃政权领域内的工人、农民、红军士兵及一切劳者民众和他们的家属，不分男女种族……在苏维埃法律面前一律平等。皆为苏维埃共和国的公民。……凡上述苏维埃公民在 16 岁以上皆有苏维埃的选举权和被选举权，直接派代表参加各级工农兵苏维埃的大会，讨论和决定一切国家的地方的政治事务。"②苏维埃领导下的根据地群众不仅有了发言权，更重要的是真正拥有了政治权利，成为自己决定生产、生活的主人。抗日战争时期，中国共产党领导的陕甘宁边区政府在制定的《陕甘宁边区保障人权财权条例》中规定："边区一切抗日人民，不分民族、阶级、党派、性别、职业与宗教，都有言论、出版、集会、结社、居住、迁徙及思想信仰之自由，并享有平等之民主权利。"③1940 年，毛泽东在《新民主主义论》一文中就提出："中国现在可以采取全国人民代表大会、省人民代表大会、县人民代表大会、区人民代表大会直到乡人民代表大会的系统，并由各级代表大会选举政府。但必须实行无男女、信仰、财产、教育等差别的真正普通平等的选举制，才能适合于各革命阶级在国家中的地位……只有民主集中制的政府，才能充分地发挥一切革命人民的意志，也才能最有力量地去反对革命的敌人。"④

---

①　逄先知. 毛泽东和他的秘书田家英[M]. 北京：中央文献出版社，1990：57.
②　中共中央文件选集(第 7 册)[M]. 北京：中共中央党校出版社，1986：773.
③　西南政法学院. 中国新民主主义革命时期法制建设资料选编(第一册)[M]. 重庆：西南政法学院函授部出版，1982：57.
④　毛泽东选集(第 2 卷)[M]. 北京：人民出版社，1991：677.

(三)普及国民教育、普及就业和完善社会保障制度

毛泽东提出的以"民众大联合"来改造社会的思想，实际上是共建共享思想的早期探索，具体内容包括普及国民教育、普及就业、完善社会保障制度等。

第一，普及国民教育。毛泽东强调，社会性质不同，国人境遇不同，但人人应享有受教育的机会。1931 年，瑞金苏维埃政府颁布的《中华苏维埃宪法大纲》明确提出："中国苏维埃政权以保证工农劳苦民众有受教育的权利为目的。"①毛泽东倡导并积极推动教育的普及工作，延安时期，他提出了"多种形式办学"的主张，认为不但要有几种集中的正规的小学、中学，而且要有分散的不正规的村学、读报组和识字组。通过这些措施，延安根据地有数万名工农干部受到了不等程度的普及教育。

第二，普及就业。毛泽东指出，每一个身体状况允许、能够劳动并且有劳动意愿的人，都应该有获得工作的机会。他还特别强调劳动者参与管理的权利，认为这是劳动者最大、最根本的权利，如果没有这种权利，其他如工作权、休息权、受教育权等就没有保障。毛泽东在担任中央执行委员会主席期间签署并公布了《中华苏维埃共和国劳动法》，规定了 8 小时工作制和工人的最低工资标准，同时还对儿童工作年龄和妇女工作时长进行了限制。

第三，完善社会保障制度。毛泽东非常重视社会保障的作用，1922 年5 月，他发表《更宜注意的问题》一文，提出：一个人在老、少两段不能做工的时候，应该都有一种取得保存生命和食物的权利。若是工人有力而社会无事可以买他的力，事实上工人不得不赋闲时，社会就应该本着罪不在工人的理由而给与他们平常的工资。抗日战争时期，毛泽东把社会保障与抗日救国紧密联系在一起，将救济灾民难民等社会保障政策作为抗日救国

① 厦门大学法律系，福建省档案馆. 中华苏维埃共和国法律文件选编[M]. 南昌：江西人民出版社，1984：8.

十大纲领和陕甘宁边区施政纲领的重要内容。

二、中国特色社会主义的共享发展理论

从十一届三中全会算起我国进入了改革开放的时代，我们党在探索社会主义现代化建设的实践进程中，在遵循建设的基本规律和基本要求的基础上，积累了丰富的实践经验，形成了一系列重要的理论成果，解答了一系列重大的时代课题，为在新时期实现共享发展提供了宝贵的经验财富和思想财富。可以说，共享发展始终是中国共产党人高举的一面旗帜。

(一)共同富裕思想中蕴含的共享发展的理论逻辑

以邓小平同志为核心的第二代中央领导集体以社会主义本质论为理论基础，将社会主义奋斗目标与社会生产力水平相结合，形成了具有中国特色的共同富裕思想，为实现共享发展进行了艰辛而富有成效的理论与实践探索。

1. 解放和发展生产力是实现共同富裕的前提条件，为实现共享发展提供了物质基础

生产力解放和发展程度以及经济发展水平制约着共同富裕的实现程度和水平。当生产力发展水平有限，生产可供社会分配的产品的数量规模和质量品位都会偏低，共享的程度和水平也会受影响。当生产力发展到较高阶段和水平时，可供社会分配的产品的总体规模也就会扩大，产品的质量也会越好，人民生活消费水平也就越高，共享发展的物质基础就得以保障。从世界社会主义运动与中国社会主义现代化建设进行比较，我们发现，发展生产力对于社会主义国家建设的重要性。例如，对于发生在 20 世纪 80 年代末 90 年代初的世界历史性事件——苏联解体、东欧剧变，邓小平曾经反思认为，苏东社会性质蜕变的深层次原因与生产力发展水平不能满足人民生活的基本需要关系很大，就是因为这些国家长期经济建设搞不上去，人民长期过着紧日子，生活水平始终得不到改善。这给予我们重要的启示，社会稳定发展是基于人民生活水平的持续改善和提高，最终才能实现

共享共富。因此，邓小平提出了"三步走"的发展战略，即："第一步，实现国民生产总值比 1980 年翻一番，解决人民的温饱问题。这个任务已经基本实现。第二步，到本世纪末，使国民生产总值再增长一倍，人民生活达到小康水平。第三步，到下个世纪中叶，人均国民生产总值达到中等发达国家水平，人民生活比较富裕，基本实现现代化"，① 明确了实现共同富裕的动力基础和实施步骤，反映了邓小平对中国特色社会主义建设规律的科学认识。

2. 消灭剥削、消除两极分化的社会主义制度是实现共同富裕的制度保障，也是实现共享发展的制度基础

从马克思主义经典作家对共享理论的阐述中不难发现，实现共享需要具备丰富的物质基础，所以实现共享共富不仅是一个发展生产力的问题，更是一个生产关系问题。生产关系问题说到底就是所有制问题，因此，实现共享共富必须消灭剥削，消除两极分化。社会主义基本制度为实现共享共富提供了制度保证。邓小平在社会主义本质的阐述中提到的"消灭剥削、消除两极分化"是对经济关系本质的概括，反映了这一本质的经济特征是公有制和按劳分配，实际上揭示了共同富裕的制度基础即以公有制为主体、多种所有制经济共同发展。

3. 坚持社会主义公有制的主体地位，是我国社会化大生产发展的必然要求

邓小平认为："共同致富，我们从改革一开始就讲，将来总有一天要成为中心课题。社会主义不是少数人富起来、大多数人穷，不是那个样子。社会主义最大的优越性就是共同富裕，这是体现社会主义本质的一个东西。如果搞两极分化，情况就不同了，民族矛盾、区域间矛盾、阶级矛盾都会发展，相应地中央和地方的矛盾也会发展，就可能出乱子。"②因此，公有制的主体地位是历史确立的，集中体现着人民的根本

---

① 中央文献研究室. 十三大以来重要文献选编[M]. 北京：人民出版社，1991：14.

② 邓小平文选（第 3 卷）[M]. 北京：人民出版社，1993：364.

利益，绝对不能动摇。特别是在当前，社会化的大生产已经建立起来，公有制在多种所有制经济中处于主体地位，通过劳动者的联合生产创造出了巨大的社会财富，但是这些社会财富不能被个人所占有，必须要让劳动者共同享有。

4. 鼓励和允许非公有制经济的发展

邓小平指出，由于现阶段我国生产力水平还比较低，工业的现代化水平还不高，因此，在现阶段我们最根本的任务就是发展生产力，要为实现四个现代化和人民生活的富裕化而努力奋斗。应当允许个体、私营、外资经济等在国家引导下存在发展，充分利用国内外资源，充分调动各阶层劳动者生产和生活的积极性，使非公有制经济作为社会主义公有制经济的有力补充，为实现共同富裕做出应有的贡献。

（二）"三个代表"重要思想中蕴含的共享发展的理论逻辑

党的十三届四中全会以来，以江泽民同志为核心的第三代中央领导集体，提出社会主义本质要求就是促进人的全面发展，并将全面建设小康社会作为我们党现阶段的奋斗目标，从而形成了具有人的全面发展的中国特色思想，创新发展了邓小平的共同富裕思想，进一步推进了共享发展的理论和实践探索。

1. 坚持尊重社会发展规律与尊重人民历史主体地位相统一

江泽民指出，在任何时候、任何情况下，坚持群众是真正英雄的历史唯物主义观点不能丢。他在执政期强调"以人为本"思想，坚持中国共产党执政为民的宗旨，把党性和人民性有机统一起来。他认为："人民的利益高于一切。党除了最广大人民的利益，没有自己特殊的利益。党的一切工作，必须以最广大人民的根本利益为最高标准。"①也就是说，执政党必须始终密切联系群众，为最广大人民群众谋利益，并学会从人民群众中汲取养料，为社会主义建设提供不竭力量；还要做到把满足人民群众的物质需

---

① 江泽民. 论"三个代表"[M]. 北京：中央文献出版社，2001：162.

要和现实利益作为我们现阶段一切工作的重点，始终强调坚持群众路线，要凝聚民心、发挥民智，用人民群众的力量来完成我们伟大的社会主义建设事业。这既是对邓小平理论的继承和发展，也是努力促进人的全面发展的理论基础和前提。

2. 确立了经济社会发展与人的全面发展相结合的价值目标

江泽民强调："我们建设有中国特色社会主义的各项事业，我们进行的一切工作，既要着眼于人民现实的物质文化生活需要，同时又要着眼于促进人民素质的提高，也就是要努力促进人的全面发展。这是马克思主义关于建设社会主义新社会的本质要求。"①由此我们了解到，人的全面发展是与经济、文化、社会等领域的发展相互影响、相互制约的辩证关系。物质文化条件越充分，就越能推进人的全面发展；人实现了全面发展，又能促进社会的物质文化财富的创造，财富创造得越多，人民的各项生活就越能得到改善。因此，在这一时期，我党确立了人的全面发展与经济社会发展相结合的价值目标。一方面，社会发展需要人的发展作为前提条件，社会是人的社会，人是社会的主体。另一方面，社会发展为人的发展提供了物质手段和条件，物质文化条件越充分，越能推进人的全面发展。江泽民还从自然与社会协调发展、可持续发展的战略高度强调人的发展与可持续发展的关系。他强调，在可持续发展中，关键因素是人，人既是可持续发展的目的，又是实现可持续发展的决定性因素。因此，要促进人的全面发展，必须实施可持续发展的宏伟战略，要处理好社会生产力发展与生态环境、物质资源以及人口增长之间的相互关系，通过生态环境的不断改善和生活环境的不断优化，来促进社会生产的发展同人民生活的丰富多彩、良好的生态发展之间的协调关系，从而为人的发展提供更广阔的空间和更有利的条件。

3. 将人的全面发展与全面建设小康社会统一起来

江泽民在邓小平提出的"三步走"发展战略的基础上提出新三步走战略

① 江泽民. 论"三个代表"[M]. 北京：中央文献出版社，2001：179.

目标，并结合全面建设小康社会战略目标，认为在 21 世纪头 20 年这个重要的战略机遇期里推动全面建设小康社会目标的实现，将能够为十几亿人口带来实惠，并能进一步发展经济、健全民主、繁荣文化、振兴科教，社会将更加稳定，人民生活更加富裕；实现惠及十几亿人口的更高水平的小康社会，使经济更加发展、民主更加健全、科教更加进步、文化更加繁荣、社会更加和谐、人民生活更加殷实，将经济、政治、文化、社会的发展与实现人的全面发展高度统一起来。一是规划出经济发展的战略蓝图，提出优化经济结构，提高经济效益，20 年内国家 GDP 实现翻两番的目标，国家综合实力和国际影响力显著提高。特别是通过快速发展经济，使得不同阶层收入逐步缩小，城市与乡村以及东中西部地区发展状况趋于平衡。使广大人民享受充分的社会保障体系，充足的社会就业机会，不断提高家庭收入，人民生活全面达到小康社会水平。二是规划出政治发展的战略蓝图，提出要使社会主义民主、法制更加健全和完备，使人民政治、经济和文化等方面的权益得到充分保障。加强基层民主建设，促进社会秩序的良好发展，促进人民生活水平的提高，实现安居乐业。三是规划出文化发展的战略蓝图，提出要通过发展教育促进全民族的思想道德水平、科学文化素质的提高；完善医疗卫生体系，促进全民族健康素质的提高；大力发展教育，创造更多的受教育机会，尽快实现高中阶段教育的普及，消除半文盲和文盲，最终促进人的全面发展。由此，他提出"三位一体"建设，并强调与人的全面发展相统一，该理论进一步丰富和发展了邓小平理论，增强了共享发展的实践动力。

(三)科学发展观中蕴含的共享发展的理论逻辑

进入新世纪，中国特色社会主义建设进入一个新的阶段。在这一阶段里，既是中国经济社会发展的重要战略机遇期，又面临诸多矛盾叠加、风险隐患增多的严峻挑战。因此，这一阶段给中国共产党提出了新要求——如何更好地推进共享发展。这些新要求的提出为实现全面建设小康社会指明了发展方向，同时也为消除贫困、实现共享共富提供了全新的思路。党的十六大以来，胡锦涛提出了科学发展观等重大战略思想，提出"在促进发展的同时，把维护社会公平放到更加突出的位置，综合运用多种手段，依法逐步建立以权利公平、机会公平、规则公平、分配公平为主要内容的社会公平保障体系，使全体人民共享改革发展的成果，使全体人民朝着共同富裕的方向稳步前进"，① 把维护社会公平实现共同富裕放到了更加突出的位置。他在十六届六中全会第二次全体会议上提出，既要从"大社会"着眼，又要从"小社会"着手，"以解决人民群众最关心、最直接、最现实的利益问题为重点，着力发展社会事业、促进社会公平正义、建设和谐文化、完善社会管理、增强社会创造活力，走共同富裕道路"。② 科学发展观的提出是对共同富裕思想本质内涵的更深刻、更全面的把握，是对实现人类解放的真理诉求。

一是提出了共建共享的重要原则。胡锦涛指出，社会主义发展需要充分调动劳动人民的主观能动性，使他们能够主动、积极地参与社会主义建设，同时，中国共产党作为社会主义国家建设的领导力量，必须尊重人民群众的主体地位，始终把最广大人民群众的根本利益放在最重要的地位，使人民群众真正享受到和谐社会发展的共同成果。共建共享思想，科学地回答了和谐社会为谁建设、靠谁建设、如何建设等重大问题。从脱贫的现实需要来讲，共建，是对人民群众主体地位和首创精神的高度肯定，在共建过程中中国共产党带领人民群众全力投入到脱贫攻坚工作中，发挥人民群众的合力。共享，则是要在脱贫进程中真正地提高贫困人口的共享水平，真正使全体劳动人民享有和谐社会改革发展的丰硕成果，最终形成全体劳动人民"学有所教、劳有所得、病有所医、老有所养、住有所居"的共享新局面。共建共享思想的提出，旨在把劳动人民群众的利益放在最重要的位置，并解决劳动人民最实际的问题，努力形成发挥劳动人民群众的聪明才智、安居乐业而又稳定祥和的大好局面，最终形成人人努力建设和谐

---

① 十六大以来重要文献选编(中)[M]. 北京：中央文献出版社，2006：712.
② 十六大以来重要文献选编(下)[M]. 北京：中央文献出版社，2008：650.

社会并共享改革发展成果的新局面。二是提出了共建共享的实现路径。科学发展观的提出，明确了在新的时期如何发展的重大现实问题。胡锦涛指出，只有依靠劳动人民社会才能取得发展，社会的发展也是为了实现劳动人民更好的发展，只有如此，劳动人民才能最终共享社会发展的成果。明确了人民群众是社会发展的主要推动力量，必须坚持以人为本的基本理念，最大限度地满足人民群众的物质文化需要进而实现人的全面发展。科学发展观强调全面、协调、可持续的发展，在坚持一个中心——经济建设的基础上，全面推动政治、文化、社会领域的建设和发展，提出了"四位一体"的发展布局，这是实现人的全面发展的基础，也为实现脱贫目标提供了重要的经验借鉴。

党的十八大以来，以习近平同志为核心的党中央始终把人民利益放在首位，将人民事业不断推向前进。党的十八届五中全会上，习近平提出要坚持共享发展，坚持发展为了人民、发展依靠人民、发展成果由人民共享，增强发展合力，推动共同富裕稳步前进。党的十九大报告中，习近平再次强调必须坚定不移地贯彻新发展理念，把增进民生福祉作为发展的根本目的，在实践中让人民群众有更多获得感，努力促进人的全面发展和全体人民共同富裕目标的实现，该理论已成为各级人民政府在扶贫脱贫中寻求共享发展的行动指南。

第二章 共享发展理念指导农村贫困人口脱贫的逻辑理路和重要意义

共享发展理念是以习近平同志为核心的党中央顺应时代潮流，回应我国发展新阶段的新要求而提出的。共享发展理念的提出为破解农村贫困人口脱贫遇到的各种难题提供了新的思路，为如期实现 2020 年农村贫困人口全部脱贫的目标提供了重要的思想保障。

第一节 共享发展理念指导农村贫困人口脱贫的逻辑理路

习近平总书记指出，共享发展理念包涵"全民共享、全面共享、共建共享、渐进共享"①四个方面。这四个方面为解决我国当前及今后农村贫困人口脱贫进程中的种种问题提供了具体思路和应对之道。共享发展理念的提出，反映了我们党更加关注贫困群体的现实需要，并力图解决与贫困群体息息相关的民生问题。

一、农村贫困人口脱贫以全民共享为原则

全民共享，就是使全体劳动人民都能享受到社会发展的共同成果，而不是为了满足少数人或一部分人的利益。这体现了我们党以人民为中心，

① 习近平. 在省部级主要领导干部学习贯彻党的十八届五中全会精神专题研讨班上的讲话[N]. 人民日报，2016-05-10(2).

促进共同富裕的社会主义基本价值取向，也是农村贫困人口脱贫应坚持的原则。习近平强调，我们经济社会各方面的发展都应满足人民的利益需求，始终要把人民放在最中心的地位。这告诉我们不能抽象地去理解人民为中心的这一发展思想，而是要在具体的实践中去体现这一发展思想。全民共享思想为农村贫困人口脱贫指明了脱贫的方向，找到了脱贫主体，明确了脱贫目标。

（一）把人民当做目的，一切为了人民

在农村贫困人口脱贫的进程中，我们党和政府始终把增进人民福祉、促进人的全面发展作为脱贫工作的出发点和落脚点。第一，发展社会生产力是农村贫困人口脱贫的前提和基础。马克思主义经典作家曾在对未来社会主义的科学设想中提出"生产将以所有的人富裕为目的"。① 贫困人口脱贫需要强大的物质基础作为后盾，没有发达的社会生产力水平，没有深厚的物质基础，就不可能实现脱贫。只有社会创造的物质财富极大丰富后才能满足全体社会成员的需要，不仅能满足人民的基本的物质需求，还能满足人民更多更高层次的获得感，实现人的自由全面发展。正如习近平指出的：我们的人民热爱生活，期盼有更好的教育、更稳定的工作、更满意的收入、更可靠的社会保障、更高水平的医疗卫生服务、更舒适的居住条件、更优美的环境，期盼孩子们能成长得更好、工作得更好、生活得更好。贫困人口实现脱贫，过上富裕的生活离不开社会生产力的大发展。第二，坚持社会主义基本制度是农村贫困人口脱贫的制度保障。社会生产力的发展、经济的增长并不必然地带来贫困的消除，正如美国是世界上最富裕的国家之一，但贫困仍然是其经济发展过程中存在的一个严重问题。2016 年 6 月 22 日，国际货币基金组织（IMF）发布美国年度经济评估报告称，美国每七人中就有一人生活在贫困中。究其原因在于私有制而导致的财富越来越集中在少数人手中，两极分化严重。2011 年经济学家斯蒂格利

---

① 马克思恩格斯文集(第 8 卷)［M］．北京：人民出版社，2009：200．

茨在分析当前席卷资本主义世界的危机时指出："美国上层 1%的人现在每年拿走将近 1/4 的国民收入。以财富而不是收入来看，这塔尖的 1%控制了 40%的财富。他们人生的财运节节走高，25 年前，这两个数字分别是12%和 33%。"①所以，坚持社会主义基本制度，消除私有制的剥削现象，遏制两极分化，才能极大地解放和发展生产力，这是实现农村贫困人口脱贫最有效的手段。

（二）把人民当做主体，一切依靠人民

在农村贫困人口脱贫进程中，脱贫任务、目标的顺利完成和实现，最终还是要依靠包括贫困群体在内的全体人民群众，激发他们参与扶贫脱贫的内生动力，是加快实现脱贫目标、实现共享共富的主要力量。只有充分调动劳动人民群众在消除贫困进程中的主观能动性，充分发挥他们的聪明才智，才能成功突破脱贫进程中的各种障碍。第一，贫困群体是脱贫的主体。在脱贫过程中必须把他们内在的脱贫力量激发出来，这样脱贫才具有根本意义，否则，脱贫也只是短期行为，脱贫又返贫的现象会不断发生，脱贫的可持续性得不到保障，致富更无从谈起。第二，脱贫必须依靠全体人民的力量。1978 年以来改革开放促进了中国经济的高速发展，我国国际地位显著提升，民族复兴进程加速；各项制度不断完善，体制机制改革更是回应了人民群众的呼声和期待；人民群众的实践探索更为党的路线方针政策的形成、发展提供了丰硕的经验和不竭的动力，不断推动着中国特色社会主义建设事业的发展前进。同样，脱贫攻坚任务的完成必须发挥全体人民的聪明才智，多听人民群众的意见，尤其是农村人民群众的想法，把全体人民纳入到脱贫攻坚的任务之中，激发他们参与扶贫的热情，这才是实现脱贫的长久之计。

---

①　[美]约瑟夫·斯蒂格利茨. 1%的民有、民享、民治[N]. 环球时报，2011-10-18.

（三）把共享作为目标，一切发展成果由人民共享

人民群众不仅是实践主体还是价值主体，理应是改革发展成果的享有者和受益者。消除贫困体现了共享发展的价值追求，同时，脱贫成功与否的最终评判者正是包括贫困群体在内的人民群众。习近平指出，要把群众满意作为第一追求，把人民群众满意不满意作为行使权力的衡量标准，最终发展的成绩交由人民群众来评价和判断。贫困群体到底脱没脱贫，最终还是由他们"说了算"。第一，贫困人口脱贫过程就是共享过程，只有把贫困群体作为价值主体看待，在脱贫过程中不断提高共享水平，才能实现贫困群体的全面发展。第二，脱贫标准的制定应更加有利于贫困群体脱贫，突出反映的是贫困群体的共享程度，不能只是简单地理解为达到贫困标准线上就视为脱贫，而是一个共享水平不断提高的过程，也是贫困人口不断减少的过程。第三，在脱贫进程中制定脱贫政策时要认真考虑清楚贫困人口的境遇，只有对贫困群体的期待和声音进行深入了解，才能真正掌握政策制定的关键，从而使脱贫政策符合科学化的原则。

二、农村贫困人口脱贫以全面共享为目标

全面共享，就是要保证全体劳动人民享受到国家各个领域的改革和建设成果。这是从中国特色社会主义建设全局出发，进行统筹规划，把改革发展成果共享的各个方面问题纳入体制框架之内，以真正实现改革发展成果的共享。只有实现经济、政治、文化、社会、生态建设协调发展，才能保证人民群众能够均衡享有各领域中的利益、资源、权利与机会。

（一）脱贫是一个经济、政治、文化、社会、生态发展成果共享的过程

农村贫困人口脱贫不能仅局限于经济层面的脱贫，必须是共享各种基本权利和发展机会的脱贫过程。否则，脱贫只能是片面的、短期的、不可持续的。虽然经济脱贫是实现农村贫困人口最终脱贫的基础，但是在满足

了贫困群体基本的物质需求以后，他们就会有更高的、更多方面的需要，并且希望能够获得满足。因此，国家必须基于经济、政治、文化、社会、生态的统一来推进农村贫困人口脱贫进程。从经济方面来看，就是要公正合理地分配社会物质财富，逐步缩小贫富差距，改善贫困人口的生活质量，提高他们的物质财富共享水平。从政治方面来看，就是要保障贫困群体依法平等地享有生存、发展等各种基本权利。十八届四中全会进一步强调要强化规则意识，就是要通过完善法律制度来使权力、机会、规则都能体现出公平性，能够为每一个人设置一个公平竞争的规则，规则公平才能保障机会公平和权利公平。从文化方面来看，就是要使贫困群体能够共享人类先进文明成果，提高贫困群体的人文素质，提升他们的精神文化水平、智力水平。习近平多次强调"扶贫必扶智"，摆脱贫困更需要智慧，国家要努力推动各层次的教育均衡发展，为贫困地区提高更多更好的教育资源，缩小教育差距，使教育质量提高到一个新的阶段。从社会方面来看，就是要健全农村贫困人口的社会保障体系，使贫困群体能够公平享有基本公共服务，不再为上学难、就医难、行路难、饮水不安全等问题困扰。从生态方面来看，就是要使贫困群体也能共享天蓝、地绿、水净的美好家园，使脱贫与生态建设同步前行，通过"绿色减贫""绿色扶贫"，实现"绿色脱贫"。

(二)脱贫要建立更加公平有效的制度

习近平反复强调，社会主义的本质要求之一就是共享发展，它是社会主义制度优越性的重要体现，在经济社会发展中绝不能出现"富者累巨万，而贫者食糟糠"的不公平现象。而贫困人口的存在就是不公平现象的真实体现，只有公平的制度保障才能消除贫困、实现共享。一是脱贫的基本制度建设。基本经济制度和政治制度从根本上能保障消除贫困、实现共享。公有制和按劳分配制度能保证生产资料的全民所有，使全体社会成员公平参与生产、参与分配。我国人民当家做主的政治制度能够保障全体劳动人民享有平等的政治权利和政治地位，保障人民能够享有平等的发展机会，并共享发展成果。二是脱贫的具体制度建设。基本经济制度和政治制度虽能从根本上保障全体人民实现共享，但将共享发展付诸实践的只能通过具体制度的建设才能实现。更加公平的收入分配制度，能够缩小收入差距，提高贫困群体在国民收入分配中的比重，使他们分享更多发展成果；更加有效的社会保障制度能缩小和逐步消除阶层差别，实现社会保障的全面覆盖，体现社会公平，有利于实现共享；注重均衡的公共服务供给制度，能使农村贫困人口公平享受到教育、就业、医疗卫生、社会救济、养老等基本公共服务产品，保障他们的基本权益，帮助他们摆脱贫困，共同分享改革发展的成果。

三、农村贫困人口脱贫以共建共享为途径

共建共享，就是要促进全社会形成共建共享的生动局面。"共建和共享是辩证统一的关系，没有共建，共享就会缺乏坚实的基础；没有共享，共建就可能失去持续的动力，而有尊严的共享，就需要特别强调'在共建中共享，在共享中共建'。"①以共享引领共建，以共建推动共享，促进共建与共享实现良性互动，是我们应长期坚持的方针。

（一）共享需以共建为前提

消除贫困、实现共享必须以共建为基础。改革开放以来，我国经济快速发展，实现了从温饱到全面小康的大跨越，为实现共享发展奠定了坚实的物质基础。但是，如果农村不能实现全面发展，收入和生活水平与城市相比还有较大差距，即使在经济总量和人均量上可以建成全面小康社会，也难以说实现了共享发展。因此，缩小收入差距和生活水平差距需要凝聚各方力量，让14多亿人都能过上富裕幸福的好日子。首先，需要政府在扶贫中发挥主导作用。发挥其在消除贫困过程中的决策、资金、人力的提供

---

① 张贤明，邵薪运.改革发展成果共享与政府责任[J].政治学研究，2010(6)：37-47.

以及全体人民合法权益的保护等方面的作用。其次，需要全社会力量共同参与扶贫工作，创新社会力量参与机制，充分调动各方面的力量，逐步形成国家、企业、社会组织、个体多方参与的扶贫格局。

(二)共建需以共享为目的

共享，就是全体社会成员能够均衡享有各领域中的利益、资源、权利与机会。这就需要建立一套新的共享实现机制体系，让共建成果实现共享。共享实现机制应该包括更加公平和有效的收入分配调节机制、阶层利益表达机制、社会保障机制等。通过收入分配调节机制增加贫困群体的收入，提高贫困人口的生活水平和质量；通过阶层利益表达机制及时反映贫困群体所需、所想，确保贫困群体的合理诉求得到有效解决，以及政府制定的决策是以贫困群体的利益为出发点和落脚点这一要求；通过社会保障机制和政府公共服务体系为贫困群体提供最基本的民生保障，编织好最后一道保障网。

四、农村贫困人口脱贫坚持渐进共享的规律

渐进共享，揭示出共享的过程是一个从低级到高级、从不均衡到均衡的过程，是一个阶段性目标与长远性目标相统一的动态发展过程，是逐步实现共同富裕最终目标的过程。习近平强调："我们要立足国情、立足经济社会发展水平来思考设计共享政策，既不裹足不前、铢施两较、该花的钱也不花，也不好高骛远、寅吃卯粮、口惠而实不至。"①

(一)正确认识当前利益和长远利益的关系

从社会主义建设实践来看，共享发展首先要尽力把短期利益和长期利益的关系协调好。短期利益就是要努力解决劳动人民群众当前最迫切、最关心的现实问题；长期利益也就是要通过长期的建设和发展不断提升各方

---

① 习近平谈治国理政(第2卷)[M].北京：外文出版社，2017：216.

面的条件和可承受能力，不断提升人民群众的获得感。因此，一方面，我们要清醒地认识到，我国的基本国情是正处于并将长期处于社会主义初级阶段，即解决人民群众最关心的民生问题要在国情允许的范围内进行，不能做超越这个阶段的事情。在社会主义初级阶段，生产力水平不高，发展不平衡、不协调、不可持续问题还比较突出，仍然要牢牢把握经济建设这个中心，并通过以经济建设来引领社会全局发展，仍然要把做大经济总量作为我们的首要任务来抓，实现经济社会发展和民生改善的良性循环。另一方面，党和政府也不能无所作为，要根据现有条件把能做的事情尽量做起来。应把握时机，乘势而为，勇于创新，在消除贫困、实现共享的进程中，我们党和政府要认真听取老百姓的心声，用改革不断回应人民的期待。

（二）正确认识阶段性目标和长远目标的关系

脱贫是 2020 年要实现的阶段性目标，而富裕则是农村贫困人口要实现的长远目标。我们应当遵循渐进共享的规律，将 2020 年实现脱贫的阶段性目标与实现共同富裕的长远目标统一起来。长远目标以阶段性目标为基础，我国改革开放以来扶贫取得的巨大成就为实现脱贫、共享和共同富裕奠定了稳固基础。我国农村贫困人口贫困状况复杂，脱贫致富任务艰巨，必须立足国情，结合贫困人口的阶段性特征，以"六个精准"统领贫困地区脱贫攻坚工作，搞清楚真正的贫困人口、贫困程度、致贫原因，因户制宜，因人施策，帮助各地各户找到适合他们实际情况的脱贫对策，按期实现农村贫困人口全部脱贫的目标。但要让全体人民都过上富裕幸福的生活还有很长的路要走，这就需要脚踏实地、一步一个脚印，循序渐进地把各项工作扎实有序向前推进，逐步实现共同富裕。

第二节　共享发展理念指导农村贫困人口
脱贫的重要意义

共享发展是在坚持以问题为导向下提出的新理念，是中国共产党对社会主义发展规律认识的升华，体现了社会主义的本质要求，反映了中国特色社会主义追求社会和谐的迫切需要，是对全面建成小康社会的积极主动回应。共享发展理念对于扫清发展中的最大障碍，打赢脱贫攻坚这场艰巨战役具有重要的现实意义。

一、以共享发展理念指导脱贫是社会主义的本质要求

社会主义制度最大的优势在于能够极大地解放生产力、发展生产力，消除贫困，实现共享、共富，当人民群众的共享水平逐渐提高，贫困也会逐渐消除，这是较资本主义制度而言最大的制度优势。邓小平同志在回答"什么是社会主义""怎样建设社会主义"的重大现实问题时，一针见血地指出社会主义与资本主义本质的不同就是共同富裕，不搞两极分化。社会主义的本质就是"解放生产力，发展生产力，消灭剥削，消除两极分化，最终达到共同富裕"。①

共享发展理念指导脱贫是解放和发展生产力的必然要求。消除贫困、实现共享应以社会生产力的极大发展为前提条件。社会创造的物质财富极大丰富后能满足全体社会成员所需，才有条件实现共享和消除贫困，而实现社会生产力的极大发展又必须以解放生产力为前提条件。在资本主义私有制条件下，广大劳动者是受压迫和被剥削的对象，他们创造的巨大财富被资本家无偿占有，自己却获得很少，始终处于贫困状况，实现共享更是无从谈起。只有通过推翻私有制，解放生产力，让广大劳动者成为自己创造的财富的享有者，激发广大劳动人民的积极性、创造性，进一步推动社会生产力的大发展大繁荣，共享发展和消除贫困才有可能实现。

共享发展理念指导脱贫是消灭剥削，消除两极分化，实现社会公平的应有之义。社会主义制度在我国的全面确立虽消灭了剥削的私有制，但随着改革开放政策的实施，社会主义市场经济体制改革带来的两极分化问题不容忽视，逐渐出现了财富积累和贫困积累的分化趋势，"三大差距"的存

---

① 十五大以来重要文献选编（上）［M］. 北京：人民出版社，2000：336.

在使社会不公平现象程度加深，特别是几千万贫困人口的存在成为社会主义建设道路上的"拦路虎"，这与社会主义的本质要求相悖离。在这样的背景下，消除贫困、实现共享发展是消灭剥削，消除两极分化，实现社会公平的重要内容。

共享发展理念指导脱贫是最终实现共同富裕的必经途径。共享发展突出了社会经济的发展是以增进全体人民福祉为价值取向的，只有实现了共享发展才能消除贫困，最终达到共同富裕，两者不可分割，必须统一于我国社会主义建设之中。共同富裕要求在社会主义建设过程中，坚持以人民为中心，将改革发展的成果公平分享给每一个社会成员，消除贫困，反对两极分化。只有彻底消除贫困人口，才能朝着共同富裕的方向稳步前进。

二、以共享发展理念指导脱贫是社会和谐的现实需要

社会主义追求社会和谐必定要通过实现共享消除贫困来达到。社会和谐需要通过共享发展和消除贫困激发劳动者在经济发展中的积极性、主动性和创造性，提高经济效率，奠定和谐社会的物质基础，还需要通过共享发展消除贫困来协调社会利益关系，为经济持续快速发展提供稳定的社会秩序。

以共享发展指导脱贫契合了社会和谐的基本要求。社会和谐要求以民生建设为重点，共享发展理念的提出和脱贫目标的制定契合了社会和谐的基本要求。共享发展指出了发展的民生导向，消除贫困更是以改善民生为突破口。共享发展理念为我国民生建设指出了新的路径，把社会民生福祉的提高和经济的发展一起纳入到社会主义建设的全局当中，既要考虑民生发展与经济建设的特殊性与一般性，又要考虑到两者的矛盾性和同一性，从而更好地让民生发展与经济建设统一协调起来，共促共生，让改革发展成果更多、更公平、更实在地惠及广大人民群众，最大程度地保障和改善民生；消除贫困更加突出了改善贫困群体的民生福祉，通过民生领域的全面建设如就业、卫生医疗、教育、基本公共服务供给等民生建设，逐步缩小贫富差距，保持社会稳定，促进社会和谐，为经济社会发展创造更加良

好的社会环境。

共享发展和消除贫困是衡量社会和谐的价值尺度。社会和谐的最高形式是实现人与自身的和谐，即人的自由全面发展，这是构建和谐社会的最高价值目标，也是衡量社会和谐的最终价值尺度。共享发展和消除贫困正是遵循了社会主义和谐社会建设的基本规律，把改善人民生活，实现和保障广大人民群众的各项权利放在优先考虑的位置，最终目的就是实现人的个性发展、能力的全面提升，劳动人民群众的民生福祉改善了才能作为评价社会是否和谐的重要标准。共享发展使人民群众享有与社会发展程度相适应的各种政治、经济、文化等各项权利，并能促进更有效的制度安排，保障改革发展成果公平、有效地分享给全体人民；消除贫困同样是把保障人的各项权利放在首要位置，使贫困人口改善的不仅仅是经济条件，还包括自身发展所必需的各项能力的提升。

三、以共享发展理念指导脱贫是全面建成小康社会的战略需要

全面建成小康社会是党的十八大提出的到 2020 年实现的重要战略目标，如今，随着该目标的完成，更能让人体会到共享发展理念的战略意义。

全面建成小康社会需要共享发展理念的引领。全面建成小康社会关键在"全面"，难点也在"全面"。一是共享发展理念为全面建成小康社会提供了新思路。共享发展理念让我们更清楚地认识到，全面建成小康社会重在全民共享小康成果。全面建成小康社会的最终目标就是要不断提高人民的幸福指数，最终促进人的全面发展，以实现最大多数人的利益为目标，共享发展理念就是要让劳动人民群众共享人类文明发展成果。二是共享发展理念为全面建成小康社会增强了动力。共享发展理念既把人民作为社会活动的实践主体，又把人民作为社会活动的价值主体，坚持依靠人民谋发展，并最终由人民共享发展成果。坚持以人民为中心，可以极大地调动劳动人民群众的主观能动性，有力地推动人民群众在中国特色社会主义建设的历史进程中开创新的实践。共享发展注重解决社会公平正义问题，从而

激发人民的创新精神和创造活力，激发人民参与社会建设的热情和力量。推动小康社会建设不能停留在过去的传统发展形态上，必须是一种新型的共享发展形态。在这种新型发展形态中，人民是享受社会公平正义的主体，在经济社会发展中全体人民应享有平等的生存和发展权利，享有创业发展、奉献社会、追求幸福、实现人生价值的同等机会，以及在法律、制度面前人人平等。全面建成小康社会，是全民共享的小康，不仅要从总体上、总量上实现小康，更重要的是让农村和贫困地区尽快赶上来，让所有人民都进入小康，一个也不能少。习近平总书记指出，帮助农村脱贫，解决三农问题是全面建成小康社会面临的最艰巨、最繁重的任务。农村地区特别是贫困农村如果达不到小康，那就意味着我们全面建成小康社会的目标没有达成。农村贫困人口脱贫是全面建成小康社会的基本标志。

第三章　我国农村贫困人口脱贫的历史回顾和主要成就

回顾农村贫困人口脱贫的历程，我们不难发现党和政府高度重视农村人口的贫困问题，通过制度的完善、公平政策的制定和实施来推进脱贫的进程，取得了举世瞩目的减贫成就，为世界减贫做出了巨大的贡献。

第一节　我国农村贫困人口脱贫的历史进程及成就

农村贫困人口脱贫始终是我们党和政府高度重视的重大现实问题，特别是改革开放以来，我国扶贫事业经历了从制度转型缓贫到综合贫困治理再到精准扶贫、精准脱贫的三个重要历史阶段。

一、制度转型缓贫阶段及脱贫成就

改革开放是在农村拉开序幕的，通过生产关系的调整，消除不合理的人民公社制度，建立家庭联产承包责任制，这极大地促进了农村生产力的发展，有效调整了农业产业化的结构，提升了农村商品化水平，极大地改善了农民生产生活的条件。特别是在农村经济体制改革的伟大历史进程中，农村扶贫事业也进入到通过制度转型缓贫的历史新阶段。

在十一届三中全会以后的 22 年里，党中央为发展农村生产力，解决农村贫困人口问题，连续发了三个"一号文件"和两个"扶贫文件"。在 1982 年中共中央发出了第一个"一号文件"——《全国农村工作会议纪要》，全面分析总结了农村改革的工作成果，并在此基础上对今后进一步促进农村工作发展做出了详细的安排。这份文件明确指出包产到户等形式都是由农民探索出来的、符合农村实际的新的生产形式。1983 年颁布的《当前农村经济政策的若干问题》，进一步肯定了家庭联产承包责任制。这份文件指出在当前的农村最主要的工作任务就是按照我国农村、农民的实践情况，探索出一种稳定且富有成效的生产责任制，以调动农民的生产劳动积极性，全面推动农业经济结构、体制及技术的改革和完善，最终推动我国农业的全面发展。1984 年，中共中央发出《关于一九八四年农村工作的通知》，强调保持农村原有体制不变，并为了稳定和鼓励农民留在土地上，规定 15 年以上的土地承包期长期不变，并提出对于那些市场周期较长的开发性的农业产业项目，承包期会适当延长一些。文件中还突出强调农产品市场交易的重要性，提出农村必须要促进农产品生产，扩大农产品的分工，促进农业生产力达到一个更高的程度，才能让农村繁荣发展，让农民过上富裕的日子。在中央发文力促农村经济体制改革的同时，1984 年 9 月，中共中央、国务院联合发出了《关于帮助贫困地区尽快改变面貌的通知》，1986 年全国人民代表大会六届四次会议将"扶持老、少、边、穷地区尽快摆脱经济文化落后状况"作为一项重要内容，列入国民经济"七五"发展计划。1994 年发布了《国家八七扶贫攻坚计划（1994—2000 年）》，决定在农村实行扶贫攻坚计划，力争通过近十年的努力，帮助全国农村完成减贫任务，让 8000 万贫困人口实现脱贫。因此，在这一时期政府主要从制度转型解决温饱问题入手缓解农村贫困人口的贫困状况。

改革开放后，农村家庭联产承包责任制的实施，极大地促进了农业生产，也极大地缓解了农村贫困。第一，制度转型有效解决了人民公社制度下劳动者积极性不高和平均主义严重的问题，使得农业生产效率得到极大提高，为农村贫困人口脱贫奠定了坚实的物质基础。从 1958 年到改革开放之前，人民公社是中国农村基本的政权组织，在这样的制度下，中国农村一直处于极度贫困状态，农业发展、农产品生产迟滞不前。1957—1978 年，农民人均收入仅增加 64.22 元，平均每年增长 3 元，而且增收部分大多来自集体，家庭副业因为"左"的思想影响几乎没有增长。农村中的人口增长与农业生产、粮食生产增长之间的差距越来越大，到 1978 年，中国农村还有 2.5 亿农民没有解决温饱问题。1979—1984 年，中国农业产值平均每年增长 9%，农业产出增长了 46.89%，到 1985 年，农民的人均纯收入为 397.6 元，农村贫困人口为 1.25 亿，贫困发生率为 14.8%，在这 7 年中，农民纯收入增加了 197.6%，农村的贫困人口减少了 50%，贫困发生率下降了 15.9 个百分点。1985 年家庭经营收入占农民人均纯收入的比重达到了 81.4%，到 1996 年以前这个比重一直维持在 80% 以上。① 1999 年底，农村贫困人口已降至 3400 万人，贫困发生率也下降到 3.7%。② 由此可见，农业生产力的提高、农业收入的增长，对农户收入的增加和农村的减贫起到了很大的作用。第二，制度转型使农民收入结构发生变化。贫困地区以发展商品经济为依托，推进农村经济结构调整，贫困农村不仅可以种植收入高、来钱快的养殖业、工副业等经济作物发展商品生产，开发有竞争力的名特稀优产品，实行产业化生产带动贫困人口增加经营性收入，还可以通过剩余劳动力转移获得外出打工的工资性收入。

从这一阶段的制度转型缓贫成效来看，到 1999 年底，农村居民家庭人均纯收入从 1978 年的 133.6 元增长为 2210.3 元。到 2000 年，我国政府宣布"八七扶贫攻坚计划"确定的战略目标基本实现，全国农村贫困人口的温饱问题已经基本解决，为今后的减贫工作奠定了很好的基础。

二、综合贫困治理阶段及脱贫成就

以土地制度变革为核心的家庭联产承包责任制的建立，使得农业生产走上了一条常规性的发展道路，但是这种制度变迁所能发挥的效用不是无限的，达到一定的均衡点之后就很难持续性发挥作用，农业对农村贫困率

① 李正图，李明忠. 中国农村土地制度变迁与贫困的消除：两个三十年之比较 [J]. 学术月刊，2009(8)：68-75.

② 王朝明. 中国农村 30 年开发式扶贫：政策实践与理论反思[J]. 贵州财经学院学报，2008(6)：78-84.

下降的贡献率也随之越来越小。2000年底，全国农村没有解决温饱的贫困人口是3200万，占农村人口的比例在3%左右；低收入贫困人口6000多万。① 这9000多万农村贫困人口成为新阶段农村扶贫开发的基本对象。而自然条件、生态环境恶劣，人口的过度增长，劳动力素质低，以种植业为主的单一性经济结构、基础设施建设（交通、邮电、农田水利等）极端落后成为农村贫困人口贫困的重要原因。因此，在这一时期农村贫困人口贫困状况更加复杂，脱贫任务更加艰巨，必须通过综合贫困治理提高贫困群众综合素质，增强贫困地区可持续发展的能力，才能达到减贫效果。

国务院在2001年6月出台了《中国农村扶贫开发纲要（2001—2010年)》，《纲要》将扶贫的重点对准了西部地区，通过利用扶贫资金发展贫困地区的民生事业来推动减贫，以及强调参与式扶贫。在这一阶段，不仅突出政府扶贫的主导力量，还特别强调通过社会参与扶贫达到减贫的目的。扶贫领域也由以经济建设为主要手段逐步转向经济建设与民生建设双向发力的新阶段。2004—2010年，中央政府连续7年下发了7个"一号文件"，分别就如何增加农民收入、推动农业现代化、改善农村基础设施建设、减小城乡发展差距等重要农村问题进行战略部署。农村发展和农村的扶贫事业迎来了又一个黄金期。第一，政府通过制定一系列的农村发展和扶贫政策来推进扶贫工作的开展。2001年实行新型农村合作医疗制度，新农合覆盖了几乎全部的农村地区，在一定程度上缓解了农民"看病难看病贵"的问题；2003年全面取消农业税；2007年实行农村义务教育阶段免费教育；2008年实现扶贫开发政策与农村最低生活保障制度有效衔接，突出农村低保的"兜底"作用。在这一年还确立了农村土地流转制度以发展农村集体经济，增加农民土地收益。政府对贫困地区的财政支出从以经济建设为中心开始逐步地转向重视民生建设，把经济建设和社会发展结合起来共同作用

① 龚冰. 中国新阶段农村扶贫开发的主要策略与效果评价[J]. 学术论坛, 2007
(11)：111-114.

于扶贫事业。2011 年中国农村扶贫监测报告显示，2010 年我国政府扶贫财政投入总额为 606.2 亿元，创历史新高。2002—2010 年，扶贫重点县 7～15 岁的儿童中，失学儿童比例从 9% 下降到 2.3%，儿童入学率得到一定程度的提高。2010 年贫困农户所在村通电、通公路、通电话、能接收电视节目的比重分别增至 99.8%、96.9%、96.9% 和 97.7%，村级基础设施及基本社会服务建设取得重大进展。农村居民年人均纯收入从 2001 年的 2253.42 元，增加到 2010 年的 5919 元。① 第二，发挥社会参与扶贫的作用。在政府的大力倡导、带动和鼓励下，各民主党派、社会团体、民间组织、私营企业和志愿者个人积极参与贫困地区的扶贫开发。其中，民主党派开展的"智力扶贫"、共青团中央组织的"希望工程"、全国工商联主办的"光彩事业"、全国妇联组织的"巾帼扶贫"和"连环扶贫"、中国扶贫基金会创办的"天使工程"等，都为消除中国的贫困现象、促进农村发展做出了突出的贡献。2004 年 10 月，中国扶贫基金会发起了"CEO 扶贫倡议"。CEO(首席执行官)们以 1 万元人民币为起点捐资扶贫，扶贫项目包括引进实施 1000 个家庭生产致富项目、为 1000 个贫困乡村进行村级经济社会发展规划、在贫困乡村学校设立 1000 个综合知识期刊阅览室、为孤寡老人和残疾人设立 1000 个养老中心等。

从这一阶段的扶贫成效来看，成就无疑是显著的。2000—2010 年，全国农村贫困人口继续减少，由 9422 万人下降到 2688 万人，贫困人口减少 71.5%，近 2/3 人口在这一阶段脱离贫困，农村贫困发生率从 10.2% 下降到 2.8%，下降 7.4 个百分点。②

三、精准扶贫、精准脱贫阶段及脱贫成就

从改革开放到 2010 年，我国扶贫事业取得了巨大的成就，体现为农村

---

① 杨宜勇，吴香雪. 中国扶贫问题的过去、现在和未来[J]. 中国人口科学，2016(5)：2-12，126.

② 张琦，冯丹萌. 我国减贫实践探索及其理论创新：1978～2016 年[J]. 改革，2016(4)：27-42.

贫困人口数量的快速减少，新农村建设稳步推进，城乡收入差距进一步缩小，各项制度不断完善。但是2008年国际金融危机的爆发和我国自身经济发展进入到新常态时期，通过经济增长来带动减贫的作用逐渐下降，以及通过劳动力转移、农业经营增收实现脱贫的局限性也越来越明显，这直接影响到减贫进程及效果。长期以来，我国政府贫困治理中扶贫瞄准偏离问题一直没能得到很好的解决，不少扶贫项目粗放"漫灌"、针对性不强等问题比较普遍。特别是我国扶贫标准提高后，贫困人口规模不降反而有较大幅度的增加，按照每人每年2300元（2010年不变价）的农村贫困标准计算，2010年农村贫困发生率为17.2%，贫困人口规模为1.66亿，我国的扶贫任务依然艰巨。

2011年5月，中共中央、国务院印发《中国农村扶贫开发纲要（2011—2020年）》，提出"两不愁、三保障"新的奋斗目标，即能够保障农村贫困人口吃穿不愁，能够接受义务教育，有病可医、有房可住。确定把连片特困地区作为新时期扶贫的主战场，主要包括如乌蒙山区、武陵山区、滇桂黔石漠化区、罗霄山区等区域的连片特困地区以及西藏、四省藏区、新疆南疆三地州。2011年7月至2012年12月，国务院扶贫办和国家发改委按照"区域发展带动扶贫开发、扶贫开发促进区域发展"的基本思路，先后编制完成了《武陵山片区区域发展与扶贫攻坚规划（2011—2020年）》等11个片区规划，并报国务院批准实施。在2011—2017年的七年时间里中央政府又连续下发了7个"中央一号"文件，围绕如何增加农民收入、推动农业现代化、构建新型农业经营体系、实现城乡基本公共服务均等化、推进农业供给侧结构性改革等方面进行战略部署，进一步推进了农村发展和农村的扶贫事业。

为实现2020年农村贫困人口全部脱贫的目标，2013年习近平总书记在湖南调研时，首次提出"精准扶贫"，要求"扶贫要实事求是，因地制宜。要精准扶贫，切忌喊口号，也不要定好高骛远的目标"，中办、国办为此发布《关于创新机制扎实推进农村扶贫开发工作的意见》，以此为标志我国开始实施精准扶贫。2015年习近平总书记在贵州考察时，进一步就扶贫开发工作提出"六个精准"的基本要求，即"扶持对象要精准、项目安排要精准、资金使用要精准、措施到位要精准、因村派人要精准、脱贫成效要精准"。精准扶贫贵在精准，重在精准，成败之举在于精准。党的十九大则在继续坚持"精准扶贫"的基础上进一步提出了"精准脱贫"的新策略。在这一阶段，精准扶贫、精准脱贫成为指导中国农村扶贫的基本方针、主要抓手。第一，精准明确"扶持谁"。习近平总书记指出，解决"扶持谁"的问题，就是确保把真正的贫困人口弄清楚，把贫困人口、贫困程度、致贫原因等方面的情况调查清楚，做到因户施策、因人施策。摸清贫困情况，为贫困户建档立卡，是精准扶贫的基础。中办、国办印发的《关于创新机制扎实推进农村扶贫开发工作的意见》明确要求，各省、自治区、直辖市以县为基本单位，按照分级负责、动态管理等原则，对每一个贫困村、贫困户建档立卡，并建设全国扶贫信息网络系统。只有信息掌握具体到每一村、每一户，才能做到扶真贫、真扶贫，从而实现精准扶贫。因此，要把为贫困村、贫困户的建档立卡作为精准扶贫的首要工作。经过多年努力我国将大数据技术应用到了精准扶贫工作中，并建立了全国统一的扶贫开发信息系统，这有利于我们准确地摸清贫困家底，如贫困人口的分布状况、贫困的原因、如何脱离贫困等，通过大数据支撑我们发现了 12.8 万个贫困村，2948 万贫困户、8962 万贫困人口。"2015 年 8 月至 2016 年 6 月，全国动员近 200 万人开展了建档立卡'回头看'，共补录贫困人口 807 万，剔除识别不准人口 929 万。2017 年 2 月，各地对 2016 年脱贫真实性开展自查自纠，245 万标注脱贫人口重新回退为贫困人口。建档立卡使我国'贫困家底'首次实现了到村到户到人，挤出水分，动态管理，精准扶贫'靶心'更准。"[1]第二，精准明确"谁来扶"。习近平总书记指出，解决"谁来扶"的问题，需要加快形成中央统筹，省、自治区和直辖市负总责，市县抓落实的扶贫开发工作机制，做到分工明确、责任清晰、任务到人、考核到位。

---

[1]　顾仲阳. 扶贫精准有力 减贫提质加速（大数据里看中国）[N]. 人民日报，2017-07-13.

精准扶贫脱贫，关键在于落实。中央一贯要求各级党委和政府科学制定扶贫规划和项目，切忌空喊口号，杜绝好高骛远，要出实招、办实事、求实效，让扶贫脱贫见到成效。截至 2016 年，国家调整 3500 多个贫困乡镇党委书记，配强 5000 多名贫困村党组织书记，组织 77.5 万名干部驻村帮扶，还从全国各地精心选派了 19.5 万名优秀干部到基层组织非常薄弱的贫困农村担任第一书记。第三，精准明确"怎么扶"。习近平总书记指出，解决"怎么扶"的问题，就是按照贫困地区和贫困人口的具体情况，实施"五个一批"工程。这五类工程，包括发展生产脱贫一批、易地搬迁脱贫一批、生态补偿脱贫一批、发展教育脱贫一批和社会保障兜底一批，其中把"发展生产脱贫一批"作为新时期扶贫脱贫的主要方向，国家先后出台了新的政策来重点支持如光伏扶贫、电商扶贫、旅游扶贫等相关产业扶贫政策来助力脱贫。易地搬迁成为脱贫攻坚的"标志性工程"，国家发改委初步统计，截至 2016 年 10 月底，易地搬迁的贫困人口本地落实就业岗位 45.18 万个，产业扶持 126.19 万人。"发展教育脱贫一批"则是通过对贫困农村实施特定计划——义务教育、营养改善计划，这一计划在贫困农村的全覆盖使得贫困农村的家庭子女能够基本实现高中阶段的教育，接受免费的职业教育，因贫困而辍学的情况基本被消灭。"生态补偿脱贫一批"是国家通过将财政投入到贫困农村的生态建设上实现一批人脱贫，如 2016 年林业部门专门为农村贫困人口安排了 28 万个护林员岗位，西藏也有 50 万贫困人口实现了生态保护就业，贫困人口因生态建设和发展而找到了收入增长的途径。"社会保障兜底一批"则是通过扶贫制度与农村低保制度的积极对接，使得贫困户逐渐实现该扶的都得到扶持，该保障的都得到了保障。第四，精准明确"如何退"。习近平总书记指出，精准扶贫是为了精准脱贫。要设定时间表，实现有序退出，既要防止拖延病，又要防止急躁症。要留出缓冲期，在一定时间内实行摘帽不摘政策。要实行严格评估，按照摘帽标准验收。要实行逐户销号，做到脱贫到人，脱没脱贫要同群众一起算账，要群众认账。2016 年 4 月，中办、国办印发《关于建立贫困退出的意见》，对贫困户、贫困村、贫困县退出的标准、程序和相关要求做出细致规定，为贫困人口退出提供制度保障。

在这一阶段，我国精准扶贫、精准脱贫成效显著。2013 年至 2019 年，832 个贫困县农民人均可支配收入由 6079 元增加到 11567 元，年均增长 9.7%，比同期全国农民人均可支配收入增幅高 2.2 个百分点。全国建档立卡贫困户人均纯收入由 2015 年的 3416 元增加到 2019 年的 9808 元，年均增幅 30.2%。贫困群众"两不愁"质量水平明显提升，"三保障"突出问题总体得到解决。2020 年新冠肺炎疫情爆发以来，我国在努力克服疫情影响的情况下，保持脱贫攻坚政策稳定实施，多措并举巩固成果，实现了 2020 年现行标准下的农村贫困人口全部脱贫的既定目标，提前 10 年实现联合国 2030 年可持续发展议程的减贫目标，世界上没有哪一个国家能在这么短的时间内帮助这么多人脱贫，这对中国和世界都具有重大意义。

第二节　造成我国农村长期贫困的原因分析

改革开放以来，我国在脱贫方面取得的成就应归功于我们党始终高度关注农村贫困人口的生存状况，找准问题的症结，从满足物质需求到基本民生的保障，逐步使贫困人口实现脱贫，从中也不难发现实现"共享"始终是脱贫的核心要义，"共享"不足曾一度影响农村的扶贫进程。

一、收入贫困与经济发展成果共享不足的反思

收入贫困是反映当前农村贫困人口贫困状况的一个重要维度，也是最基本的维度。我国农村贫困人口主要集中在贫困地区，占全国农村贫困人口的 62.4%。近几年来，贫困地区农村居民人均可支配收入增速虽然高于全国农村，但是，贫困地区贫困人口与全国农村居民以及与城镇居民间的收入差距巨大，这其中经济发展成果共享不足是一个重要原因。

（一）贫困地区农村居民与全国农村居民的收入差距

从收入结构上看，农村居民的收入主要来自工资性收入、经营净收

入、财产净收入和转移净收入，农村居民间收入的差距也主要来自这四个方面。

表 3-1　贫困地区与全国农村收入对比及差距

指标	贫困地区水平(元)	全国农村水平(元)	贫困地区相当于全国农村平均水平(%)	贫困地区收入构成(%)	全国农村收入构成(%)
人均可支配收入	9377	13432	69.8	100.0	100.0
1. 工资性收入	3210	5498	58.3	34.2	40.9
2. 经营净收入	3723	5028	74.0	39.7	37.4
3. 财产净收入	119	303	39.2	1.3	2.3
4. 转移净收入	2325	2603	89.3	24.8	19.4

数据来源：2018 年中国农村贫困监测报告

表 3-1 的数据显示，贫困地区农村居民人均可支配收入相当于全国农村居民人均可支配收入的 69.8%，贫困地区农村居民工资性收入为全国农村平均水平的 58.3%，经营净收入为全国农村平均水平的 74.0%，财产净收入为全国农村平均水平的 39.2%，转移净收入为全国农村平均水平的 89.3%。由此可得出，财产净收入与工资性收入是造成两者收入差距巨大的主要原因，也反映出农村贫困地区居民获得的经济收益远低于全国农村居民水平。

从消费水平和消费结构来看，贫困地区农村居民与全国农村居民间消费水平和消费结构仍然存在差异，这是我国农村居民内部存在收入差距问题的重要表现。

表 3-2　贫困地区与全国农村消费水平和结构对比及差距

指标	贫困地区人均消费支出(元)	全国农村人均消费支出(元)	贫困地区相当于全国农村平均水平(%)	贫困地区居民消费构成(%)	全国农村居民消费构成(%)
人均消费支出	7998	10955	73.0	100.0	100.0
1. 食品烟酒	2689	3415	78.7	33.6	31.2
2. 衣着	453	612	74.0	5.7	5.6
3. 居住	1695	2354	72.0	21.2	21.5
4. 生活用品及服务	485	634	76.5	6.0	5.8
5. 交通通信	935	1509	62.0	11.7	13.8
6. 教育文化娱乐	883	1171	70.2	11.0	10.7
7. 医疗保健	725	1059	67.0	9.1	9.7
8. 其他用品和服务	134	201	65.5	1.7	1.8

数据来源：2018 年中国农村贫困监测报告

表 3-2 显示，贫困地区食品烟酒支出、衣着支出、居住支出、生活用品及服务支出、交通通信支出、教育文化娱乐支出、医疗保健支出、其他用品和服务支出分别为全国农村平均水平的 78.7%、74.0%、72.0%、76.5%、62.0%、70.2%、67.0%、65.5%。数据证明，贫困地区居民消费水平低于全国农村居民消费水平。

(二)贫困地区农村居民与城镇居民的收入差距

从收入结构来看，城镇居民收入与农村贫困地区收入差距巨大。

表 3-3　贫困地区居民与城镇居民人均收入对比及差距

指标	贫困地区水平(元)	城镇居民水平(元)	贫困地区相当于城镇居民平均水平(%)	贫困地区收入构成(%)	城镇居民收入构成(%)
人均可支配收入	9377	36396.2	25.8	100.0	100.0
1. 工资性收入	3210	22200.9	14.5	34.2	61.0
2. 经营净收入	3723	4064.7	91.6	39.7	11.2
3. 财产净收入	119	3606.9	3.3	1.3	9.9
4. 转移净收入	2325	6523.6	35.6	24.8	17.9

数据来源：2018 年中国统计年鉴和 2018 年中国农村贫困监测报告

由表 3-3 中的数据不难发现，贫困地区居民的财产净收入仅为城镇居民平均水平的 3.3%，是造成两者收入差距巨大的主要来源；其次是工资性收入，仅为城镇居民平均水平的 14.5%；最后是转移净收入，仅为城镇居民平均水平的 35.6%。

二、权利贫困与政治发展成果共享不足的反思

从政治发展成果共享的角度考察我国农村贫困人口贫困状况的一个重要维度就是相应的权利贫困。如从政治学领域研究贫困群体权利的学者罗尔斯认为，公平正义是社会制度的首要价值。人类从根本上是平等的，每个人的要求和利益都应该被平等地对待，每个人都有平等的权利。因此，从当前农村贫困人口贫困的状况来看，其中政治发展成果共享不足是当前农村贫困人口摆脱贫困的重要障碍之一。在长期的社会主义建设实践中，形成了民主选举、民主决策、民主管理和民主监督这四项民主权利，这四项民主权利的行使和民主制度的运行，构成了民主制度的基本内容及其丰富多彩的实践活动。农民作为一个政治群体，作为国家的主人，同样享有

这四项民主权利，但是，纵观中国农村扶贫历程，贫困人口这四项权利的缺失问题值得反思。

(一)农村贫困人口民主选举权的不完善与实现政治共享的矛盾

1. 农民作为人民代表大会的代表比例偏低

人民代表大会制度是我国的根本政治制度，也是农民进行政治参与的重要途径，而民主选举则是农民进行政治参与的重要形式之一。但由于人民代表大会制度尚需完善，导致农民尤其是农村贫困人口民主选举权保障不力，这主要体现在两个方面。

一是人大代表中农民代表的数量问题。人民代表大会中的农民代表结构不合理影响农民民主选举权的实施。从过去的历届人民代表大会农民代表的构成比例来看，历届农民代表占代表总数的比例都低于25%，如第十一届全国人大代表中，按照选举法的规定至少应有农民代表815名，但实际上只有252名。从我国农村人口数量(占全国总人口数近70%)来看这一比例是偏低的。第十二届全国人大代表总代表人数为2987，与上届人大相比来自一线的工人、农民代表增加了155人，提高了约5个百分点，其中农民工代表有31位，但工人、农民代表人数仅占总代表数的13.42%，比例仍然偏低。由此可见，农民希望通过政治参与获得为自己说话的机会相对弱化，通过有效的政治参与来监督和管理国家的公共事务的权利也因此受到一定限制。

二是人民代表大会制度中名额的分配问题。第十二届全国人大代表选举，历史上首次提出代表比例要实现城乡比例相同，即实行"城乡平权""城乡同权"。这一重大的改革结束了城乡居民在选举国家权力机关组成人员上"一人一票、同票不同值"的不平等局面。但是，名额分配制度仍然有待改进。占农村贫困人口83.3%的中部地区11省区市和西部地区12省区市的代表名额分配偏少。也就是说，名额偏少的省份特别是贫困地区的省市对中央政府的建议能力远低于拥有较多名额全国人大代表的省份，这不利于普通民众尤其是贫困群体的政治参与以及"话语权力"，使得普通民众、贫困群体并没有与全国人大代表建立起相互沟通、密切联系的直接的政治联系。

2. 贫困农民参与村民自治积极性不高

农村村民自治制度作为我国民主政治制度的主要内容，在保障农民四项民主权利上发挥了重要的作用，也是农民进行政治参与的最直接的体现。但是，由于农村村民自治制度尚存在一些问题，导致出现农民尤其是农村贫困人口积极性不高的问题。

一是贫困村贫困人口参与村民主选举率低。贫困人口是社会弱势群体，越贫困的地区村民参与村民主选举的比例越低。相关研究表明，高贫困率对农村民主选举有着负向影响，高贫困率极大地降低了村庄选举中的民主参与，村民对村庄选举的认可度和投票率均有大幅下降，统计结果显示贫困率超过 40% 的村庄的平均选举认可度比低贫困率村庄低 7% 左右，而在投票率上差距更大，达到 8% 左右。[1]

二是村干部违规违法选举事件时有发生。在村干部的选举中仍然存在着不公正、不公平、不透明的现象，例如宗族势力、黑恶势力操纵竞选，竞选人金钱贿选等现象仍然存在。某项调查问卷调查的结果显示，"有8.7% 的人认为村干部存在贿选或霸选。村干部利用小恩小惠贿赂选民，利用宗族势力操纵选举结果，利用黑恶势力破坏选举等践踏法律的情况时有发生"。[2]

(二)农村贫困人口民主决策权的不完善与实现政治共享的矛盾

1. 政府单项决策权与农村贫困人口民主决策权的矛盾

长期以来，我国政府通过制定《国家八七扶贫攻坚计划(1994—2000年)》《中国农村扶贫开发纲要(2001—2010 年)》《中国农村扶贫开发纲要

---

① 孟天广，陈昊. 不平等、贫困与农村基层民主——基于全国 400 个村庄的实证研究[J]. 公共管理学报，2014(2)：129-138，144.

② 郑广瑞. 村委会选举公正程度、村干部行为与农村干群关系——基于对辽宁省 8 市 1205 个村民的问卷调查[J]. 中国农村调查，2016(5)：37-50，95.

（2011—2020 年）》和《"十三五"脱贫攻坚规划》，使农村居民贫困发生率从 1978 年的 97.5% 下降到 2017 年的 3.1%，40 年间减少了 7 亿多贫困人口，但是突出强调政府单项决策权而忽视农村贫困群体民主决策权的情况值得反思。某项农村扶贫调查研究发现的以下几个问题值得思考：一是扶贫对象瞄准率低。某项调查显示，一方面扶贫开发项目主要侧重于投向扶贫开发中的重点县与贫困村，没有将贫困人口的识别单位具体到农户；另一方面扶贫资金和扶贫政策漏掉了相当部分的贫困人口，扶贫项目将部分需要援助的最贫困人口排除在外，扶贫项目不能够覆盖全部贫困人口。二是扶贫政策惠及面窄。在调研过程中发现，扶贫项目未覆盖所有贫困人口，不到五成贫困户参加过扶贫活动。三是贫困户的参与质量低。在调查的对象中，多数农户了解扶贫项目的内容，但不能自主选择；七成农户不能参与项目内容和确定扶贫对象的讨论；八成农户未参与扶贫项目组织实施方式的讨论和制定。① 这些问题足以说明，在扶贫政策的制定、项目的选择和实施上，贫困人口没有完全参与或普遍参与而导致扶贫政策、项目的选择和实施出现偏离目标现象，也说明村民自治制度并没有完全发挥保障贫困人口民主决策权的作用。

2. 农村村民自治中行政力量与农村贫困人口民主决策权的矛盾

在关于农民民主决策权的大量调查研究中，普遍存在以下几种农民民主决策权缺失的情况：一是村民缺乏公共事务的决策权。调查显示，村庄重大事务由村委会或村党支部决策占比最高，为 39%；村民代表会议和村民会议决策占比分别为 28.89% 和 3.89%，两者合计占比为 32.78%；村支书或村主任个人决策占比为 14.83%；此外，还有 13.09% 的受访村民不清楚村里重大事务的决策方式。② 这说明，村庄公共事务的决策权主要掌握在村"两委"、村干部手中，而村民代表和普通村民在自治决策方面并没有

① 邓大才，等. 反贫困在行动：中国农村扶贫调查与实践［M］. 北京：中国社会科学出版社，2015：19-22.

② 徐勇，邓大才，任路，白雪娇，等. 中国农民状况发展报告 2014（政治卷）［M］. 北京：北京大学出版社，2014：139.

发挥很大作用；重要议案的提出、议程设置几乎由村"两委"垄断，村民代表和普通村民只能围绕村"两委"提供的方案展开讨论和商议，而决策结果则完全由村干部和村"两委"说了算，村民代表和普通村民的决策权大打折扣。二是贫困村民的参与程度低于其他村民。调查显示，不同收入水平农民参加村民会议或村民代表会议的情况为，低收入户、中低收入户、中等收入户、中高收入户、高收入户参加的占比分别为 56.09%、56.06%、57.39%、59.41%、64.77%，而且，高收入户在村民会议或村民代表会议上"经常提"意见的占比最高，为 22.35%，"从不提"的占比最低，为 30.20%；中低收入的农户在村民会议或村民代表会议上"经常提"意见的占比最低，为 12.33%，"从不提"的占比最高，为 43.38%。① 由此可见，收入水平越低的村民参与率也越低，并且，收入水平越低的村民参与程度也远低于收入水平较高的村民。

（三）贫困人口民主管理权的不完善与实现政治共享的矛盾

一是民主管理组织缺乏。调查显示，在低收入村庄，92.31%的村庄没有民主管理组织；在中低收入的村庄，75%的村庄没有民主管理组织；中等收入的村庄，54.17%的村庄无民主管理组织；中高收入和高收入的村庄里，有民主管理组织的村庄分别占比为 50.75%和 53.66%，即超五成的村庄有民主管理组织，而且西部地区村庄民主管理组织数量整体少于中东部地区。② 这说明贫困地区或贫困村的民主管理组织尚不健全，贫困人口参与民主管理的方式和途径缺乏。二是村务公开工作落实不到位。调查数据显示，从不同地区村务公开次数考察，西部地区村庄村务公开程度相对东部和中部而言较差，低收入村庄的村务公开程度低于中高收入村庄。农民评议制度发展的整体水平偏低，半数以上的农民没有参加过民主评议村干

---

① 徐勇，邓大才，任路，白雪娇，等. 中国农民状况发展报告 2014（政治卷）[M]. 北京：北京大学出版社，2014：159-166.

② 徐勇，邓大才，任路，白雪娇，等. 中国农民状况发展报告 2014（政治卷）[M]. 北京：北京大学出版社，2014：179.

部活动。①

(四)贫困人口民主监督权的不完善与实现政治共享的矛盾

一是民主监督组织不健全。在农村一般要成立村务监督委员会等监督机构,这是在《村民委员会组织法》中作了具体规定的。成立的村务监督委员会要对村财政运行情况,村集体资产的利用情况,村资源的开发情况,村项目建设用地情况,政策落实情况,村务决策、执行、公开的情况以及村组织机构廉政建设情况等方面进行全面监督。但在实际运行中,存在着多头监督的情况,使得村务监督委员会的监督职能被严重弱化,大大降低了村务监督委员会的监督效果。如在扶贫过程中,由于监督不力,低保家庭评选过程不公开、暗箱操作现象时有发生;扶贫资金被挪用、贪污情况屡见不鲜;集体资产、资源利用和开发及项目建设和征地拆迁违规情况频发,导致村民特别是贫困群体的利益严重受损;扶贫政策落实不到位,并未给贫困人口带来实惠。二是民主监督制度不完善。在农村特别是在贫困农村民主监督制度不完善较为普遍,一些主要的监督制度不健全,如村务公开制度、村民大会制度、民主评议制度等发展还很不成熟。

三、机会贫困与社会发展成果共享不足的反思

贫困的发生很重要的一个原因就是发展机会不平等,发展机会被剥夺。而机会贫困的重要表现就是就业机会、教育机会的不平等,卫生医疗、社会保障等基本公共服务的缺失,也是社会发展成果共享不足的重要表现。正如某学者指出:"贫困是指不知不觉地夺取了人们享有生命不受疾病侵害、正常教育、居住安全、长时间退休生活的机会,剥夺了人生产机会这个工具,从而无法建立属于你自己的未来大厦。"

---

① 徐勇,邓大才,任路,白雪娇,等. 中国农民状况发展报告 2014(政治卷)[M]. 北京:北京大学出版社,2014:181.

（一）就业机会不平等

自改革开放以来，随着市场经济体制改革的推进，农村经济体制改革也在向纵深发展，大量的农民涌入城市从事非农业生产，形成了一种新的社会阶层，即农民工阶层。他们大多来自农村，但并未脱离农民身份，期望通过在城市就业来改善自身家庭生活水平，脱离贫困状况。但是，由于农民就业机会的不平等，收入水平普遍较低，就业可持续性不足以及就业的基本权益无法保障，致使农村贫困人口无法通过就业途径来改善家庭贫困状况。

一是工资收入水平低。2018年农民工监测调查报告数据显示，2018年进城务工农民从事的行业主要分布在第二产业（农民工比重为49.1%）和第三产业（农民工比重为50.5%）。第二产业中从事制造业的农民工比重为27.9%，从事建筑业的农民工比重为18.6%；第三产业中从事批发和零售业的农民工比重为12.1%，从事居民服务、修理和其他服务业的农民工比重为12.2%。他们的月收入水平与城市居民的收入水平相比还有较大差距（表3-4）。

表 3-4　农民工与城镇非私营单位就业人员月均收入水平对比

指标	农民工分行业月均收入水平(元)	城镇非私营单位就业人员分行业月均收入水平(元)	农民工相当于城镇单位就业人员月均收入水平(%)
制造业	3732	5371	69.5
建筑业	4209	4361	96.5
批发和零售业	3263	5933	55.0
交通运输、仓储和邮政业	4345	6685	65.0
住宿和餐饮业	3148	3813	82.6
居民服务、修理和其他服务业	3202	4213	76.0

数据来源：根据2018年农民工监测调查报告和2018年中国统计年鉴数据整理得出

由表 3-4 中的数据可知，农民工从事行业的月均收入水平普遍低于城镇非私营单位就业人员的收入水平，尤其是从事制造业，批发和零售业，交通运输、仓储和邮政业的农民工月均收入分别仅相当于城镇非私营单位就业人员的 69.5%、55%、65%。这说明，对农民工工资待遇的歧视仍然存在。

二是就业可持续性难。农村贫困家庭摆脱贫困的一个重要途径就是到城市去就业，特别是核心城市，通过非农就业获得更高的收入来改善家庭贫困状况，所以农民工持续就业是他们收入稳定的基本保证。但目前农民工的职业稳定性较差，流动性较强，这是影响其就业可持续性非常突出的一个问题。频繁的工作转换，不利于农民工的资本积累和就业稳定性、可持续性，降低了他们的收入水平。

三是基本权益无法保障。尽管农民工在城市中工作和生活，但他们在城市中长期遭受社会排斥，缺少最基本的如医疗卫生服务、就业培训服务、社会保障等基本权益。农民工参保率仍然偏低，居住条件、安全卫生条件差，生命健康权益严重缺乏保障等，不能像城市居民那样平等地享受社会保障方面的合法权益。例如，城市农民工参与投保率最高的社会保险险种是工伤保险，但仍低于城镇就业人员的投保率；医疗保险农民工年均参保率显著低于城镇就业人员；养老保险农民工参保率呈现逐年增长状态但依旧比城镇就业人员养老保险参保率低；失业保险是城市农民工参与投保率最低的社会保险险种，明显低于城镇就业人员的失业保险投保率。[1]

(二)教育机会不平等

教育机会的不平等已经成为不断瓦解农村社会的一股抽离性的力量，由于教育资源分配不平等，贫困农村教育投入严重不足，在很大程度上抵消了扶贫政策的正效应，导致教育本身成为造成农村贫困的主要因素。

---

[1]　王桂新，胡健. 城市农民工社会保障与市民化意愿[J]. 人口学刊，2015(6)：45-55.

一是教育硬件设施差。我国现行的教育制度实行"分级办学、分级管理"，义务教育阶段的经费县级政府承担较多，中央政府承担较少。但贫困地区经济基础薄弱，财政收入有限，无力承担对基础教育的资金投入。在教学硬件设施方面，贫困农村的基础设施建设相当落后，有的学校的校舍还存在安全隐患；教学点的教学条件尤其简陋，由于无法得到资金的支持，教学使用的仪器设备、图书和教具用品几乎为零，有的教学点只靠一块黑板、几支粉笔、几本教材进行教学。例如，在经济欠发达的中西部贫困地区，中小学校舍危房比例仍然较高，云南省中小学危房比例为 0.94%，海南省中小学危房比例为 0.62%，新疆中小学危房比例为 0.59%。①

二是教育质量差。由于贫困农村经济落后，无法吸引优秀教师来农村从事教育工作，优秀教师大批外流。有的贫困农村的教师整体数量不足而无法维持正常的教学秩序，再加上贫困农村缺乏财政资金的支持，很多学校根本无力承担和满足教师外出培训、学习所花费的经费，一些地方老师的工资待遇很低，甚至存在拖欠问题，这在很大程度上影响了农村教育事业的发展，导致教育质量无法与城市相比较。从生师比的情况来看，这表现得更为明显，例如，"普通小学的全国生师比平均值为 16.78，而广西、湖南、河南、江西、青海的生师比在 18.0 以上；初中的生师比全国平均值是 12.57，而广西、贵州、云南的生师比在 15.0 以上；普通高中的生师比全国平均值为 14.44，而重庆、四川、贵州、江西、河南的生师比在 16.0 以上。在贫困地区这一数字更大"。②

三是失学情况无法杜绝。由于农村贫困家庭经济困难，无力支付孩子上学所需学杂费用，导致贫困学生辍学率高。例如，我国对中西部贫困落后地区，特别是偏远的、贫困的少数民族地区进行了《义务教育法》实施情况的实际调查，发现这些地区农村的辍学率较高，尤其是初中较为严重，

① 司树杰，王文静，李兴洲. 中国教育扶贫报告（2016）［M］. 北京：社会科学出版社，2016：43.

② 司树杰，王文静，李兴洲. 中国教育扶贫报告（2016）［M］. 北京：社会科学出版社，2016：45.

有的地区辍学率甚至高达 10%。再从全国升学率来看，初中升学率为91.22%，其中，东部、中部和西部地区的初中升学率分别为 97.94%、87.73% 和 87.30%，部分民族地区和贫困地区初中毕业生的升学率则不到 70%，连片贫困地区甚至不足 50%。①

（三）基本医疗卫生公共服务供给水平低

健康被剥夺是导致贫困的一个重要原因。农村贫困人口是社会弱势群体，在基本医疗保障及卫生服务的可得性方面常常处于最不利的地位，看病难、看病贵的问题突出。基本医疗卫生公共服务供给水平低，导致他们陷入"贫困—健康恶化—更加贫困"的恶性循环之中而无法自拔。

一是基本医疗卫生设施缺乏。我国农村医疗卫生设施虽然在数量上有所增加，但由于国家财政对于农村医疗卫生事业的财政支出明显低于城市，我国的主要医疗卫生资源约 80% 被城市占据，农村医疗卫生资源远不及城市水平，农村医疗设施种类不齐全，农村的医疗硬件环境与城市相差悬殊，服务能力和水平也远低于城市。相关数据显示，每千人口医疗机构床位数城市为 8.27 张，农村为 3.71 张。② 城乡之间人均床位数存在很大差距，城市是农村的 2.3 倍，而且差距逐年递增。

二是医疗卫生服务人才缺乏。由于贫困农村经济落后，环境恶劣，医疗卫生人才流失严重。现有的村医疗卫生人员无论是从专业知识、技术水平以及学历等方面与城市相比差距很大。农村医疗卫生人员年龄结构老化，岗位培训和继续教育不足，基本素质偏低，年轻的医生则缺乏实际临床经验。相关数据显示："城市卫生技术人员为 4220110 人，农村卫生技术人员为 3777427 人，我国农村卫生技术人员比城市少 44 万多人；城市每千人口卫生技术人员有 10.21 人，而农村只有 3.90 人；基层医疗机构全科

---

① 胡伶."十二五"时期义务教育平等政策回顾及其对"十三五"教育规划的建议[J]. 教育理论与实践，2016(10)：20-24.

② 国家卫生和计划生育委员会.2016 中国卫生和计划生育统计年鉴[M]. 北京：中国协和医科大学出版社，2016：78.

医生严重不足，城市每千人口执业（助理）医师有 3.72 人，而农村只有 1.55 人；城市每千人口注册护士有 4.58 个，农村仅为 1.39 人。"①

三是医疗保险保障不到位。国务院扶贫办的建档立卡数据显示，因病致贫的贫困人口比例有上升的趋势，解决这些因病致贫的贫困人口的贫困问题，需要花大力气，投入大量的资金予以保障，难度大、成本高。这说明农村医疗保险仍然不健全，对于农村贫困人口的保障"不给力"，导致因病致贫成为贫困人口致贫的重要原因。农村居民与城镇居民相比医疗保险差距较为明显，从医疗保险的缴纳方式上看，其主要由三个部分构成，一是个人要承担一部分的费用，二是集体或企业要承担一部分的费用，三是政府筹集资金资助一部分的费用。东中西部地区农村人均筹资支出和农村居民医疗保健支出占消费性支出高出城市居民。② 这对于贫困人口来说无疑增加了很大的负担。从报销比例方面来看，由于医疗费用的报销要由农民个人先预支部分费用，而且报销的比例偏低，农民一旦得了重大疾病根本无力承担。

四、知识贫困与文化发展成果共享不足的反思

从一定意义上讲，贫困实际上是教育的缺失、文化发展落后的结果，也就是表现为知识贫困。可以说，影响人的贫困的决定性因素是人自身的素质，是人的智力水平、思想观念、文化修为等。知识贫困与人类其他的贫困互相影响，互为因果，也是更深层次、最难改变的一种贫困。

（一）受教育程度低

受教育年限是影响农村贫困人口收入提升和贫困减缓的重要因素。根据《2018 中国农村贫困检测报告》的数据，贫困地区常住劳动力中，不识字

---

① 国家卫生和计划生育委员会 . 2016 中国卫生和计划生育统计年鉴［M］. 北京：中国协和医科大学出版社，2016：30-54.

② 国家卫生和计划生育委员会 . 2016 中国卫生和计划生育统计年鉴［M］. 北京：中国协和医科大学出版社，2016：329.

或识字不多所占比重为 7.8%，小学文化程度占 34.3%，初中文化程度占 46%，高中及以上文化程度占 11.9%；与全国农村平均水平相比，贫困地区常住劳动力中小学及以下文化程度占比高 8.7 个百分点，初中文化程度低 4.7 个百分点，高中及以上文化程度低 4.0 个百分点。农村贫困人口受教育年限明显低于全国农村平均水平，而其中女性劳动力高中以上文化程度所占比重为 7.9%，初中文化程度占 40.2%，小学文化程度为 39.4%，不识字或识字不多的比重为 12.6%，女性受教育年限明显低于男性。农村贫困发生率与户主受教育程度成反比，户主受教育程度较低的群体贫困发生率相对较高。所以，受教育程度较低的群体贫困发生率相对较高。受教育程度低会直接影响收入水平，贫困人口较低的文化水平限制了其长远的发展，制约着贫困人口的脱贫能力，也是导致代际贫困的主要因素。

（二）基本公共文化产品供给缺乏

尽管近几年国家加大了对农村文化建设的投入力度，县及县以下文化单位文化事业费呈现不断提高趋势，但仍然不足。广大农村文化阵地缺失、文化人才缺乏、文化产品缺位等问题，依然是制约农村贫困人口脱贫的最大短板。一方面，公共文化建设资金投入不足。贫困地区文化财政投入整体上总量不高，据统计，贫困地区文化事业费费用很低，仅为 60.81 亿元，只占全国文化事业费的 8.9%。我国东部地区公共图书馆购书经费为 11 亿元，平均每馆 136.3 万元；中部地区公共图书馆购书经费为 3.7 亿元，平均每馆 32 万元，相当于东部地区的 33.6% 和 23.5%；西部地区公共图书馆购书经费为 3.10 亿元，平均每馆 25.9 万元，相当于东部地区的 28.2% 和 19.0%。① 而我国一半以上的农村贫困人口集中在西部地区。另一方面，公共文化资源短缺。从场馆建设情况来看，根据国家有关建设标准，贫困地区县公共图书馆不达标的有 278 个，占全国贫困地区县文化设

---

① 中华人民共和国文化部. 文化发展统计分析报告 2018［M］. 北京：中国统计出版社，2016：44.

施总数的 33.2%；文化馆建设不达标的有 284 个，占全国贫困地区县文化设施总数的 32.9%，比例相对较高。贫困地区 2219 个综合文化站的建筑面积未达到 300 平方米的标准，这一比例占到全国贫困地区乡镇综合文化站总数的 16.8%；全国电子阅览室终端数 126702 台，每万人人均电子阅览室终端仅为 0.92 台，贫困地区终端设备更加短缺。从人均藏书量来看，全国人均藏书量为 0.61 册，而贫困地区的人均藏书量仅为 0.22 册，远低于城市。人均藏书不足 0.6 册的贫困县达 683 个，占贫困县总数的 81.4%；近三分之一的县由于缺乏一定的文化设施等而导致农村文化活动开展受到很大的限制，还有一些家庭因村文化设施缺乏而不能看电视，不能收听广播也不能上网。从人才建设方面来看，贫困地区专职文化工作人员非常缺乏，13194 个文化站中有 3704 个没有专职人员，占 28.1%；有 4056 个机构没有在编人员，占 30.7%；有 8524 个没有专业技术人员，占 64.6%；乡镇文化干部"在编不在岗、专干不专用"现象普遍存在。① 由此看来，我国贫困地区文化设施建设规模小，硬件设施落后，服务人才紧缺，无法满足贫困地区农村居民的需求，久而久之，便形成一种周而复始的循环模式：物质贫困——精神贫困（低成就动机——低社会地位——低发展平台）——物质贫困，使贫困者很难摆脱贫困的阴影。

五、生态贫困与生态文明建设成果共享不足的反思

生态脆弱区也是贫困问题最集中的区域，贫困地区的地理分布与生态脆弱区具有高度的耦合性，越是贫困地区生态环境越发脆弱。比如我国的集中连片特困地区，贫困程度深在很大程度上是因为生态本身的脆弱性而导致的。特别是一些连片特困地区，生态环境脆弱，生存条件恶劣，自然灾害频繁，生态贫困导致人们赖以生存的自然环境恶化，进而导致人口的健康状况每况愈下，教育发展也受到极大的限制，最终拖累人口的全面发

---

① 中华人民共和国文化部. 文化发展统计分析报告 2018[M]. 北京：中国统计出版社，2016：44.

展，进一步加深了贫困程度，不平等现象变得更加严重。同时这也说明，贫困地区生态文明建设成果共享不足，是贫困人口无法摆脱贫困的重要原因之一。

（一）自然条件恶劣

贫困农村多处于山区，特别是 14 个连片特困地区如西藏区、吕梁山区等自然条件十分恶劣，农业自然灾害频繁发生，区域性、季节性缺水问题普遍存在，以及交通不便，处于地理上的边缘地带，远离政治和经济核心区，经济发展长期落后，导致贫困量大、面广、程度深。根据调查，农村贫困家庭会更多地依赖耕地和种植业，因此，更多的耕地资源能显著地降低农村贫困发生率，当农村贫困发生率为 50% 时，人均耕地每增加 1 亩，农村贫困发生率会降低 4.9 个百分点；而当农村贫困发生率为 10% 时，人均耕地每增加 1 亩，农村贫困发生率会降低 2 个百分点；越贫困的地区往往越偏僻，交通越不发达，而良好的公路交通条件能极大地缓解贫困，当农村贫困发生率为 50% 时，县域公路密度每增加 0.1 公里/平方公里，农村贫困发生率就能降低 1.2 个百分点。① 因此，由于外部环境的硬约束，生态脆弱地区贫困人口往往会陷入"生态贫困陷阱"而很难实现脱贫。

（二）生态环境恶化

在农村，生态环境的恶化，尤其是环境污染已严重影响农村人口的健康发展，也成为农村贫困人口改善生活质量的重要障碍。农村的"以生态换增长"这种不可持续的粗放式发展方式，已经成为农村人口致贫的重要原因。如水质污染严重，全国 4 万多个乡镇、约 60 万个行政村，大部分没有环境基础设施，农村饮用水水源地水质达标比例仅为 59%，农村仍有 8000 多万人饮水不安全，1/3 的县城没有污水处理设施，污水处理

① 曲玮，等. 自然地理环境的贫困效应检验——自然地理条件对农村贫困影响的实证分析[J]. 中国农村经济，2012(2)：21-34.

率不足50%。① 再如土壤污染严重，由于过度施用化肥和农药，以及工业项目的建设等对土壤造成的污染越来越严重。除此之外，还有垃圾污染造成的生态危害，以及物种多样性遭到破坏等，使贫困地区本就恶劣的自然条件雪上加霜。从公平的视角看，经济发展过程中产生的污染负担往往会不成比例地落到弱势群体身上，中国的癌症村现象就是这一问题的集中体现。② 环境污染不仅加剧了农村贫困人口的贫困状况，而且成为加剧社会不平等的新的来源。

以上分析表明，正是由于农村地区缺乏在经济、政治、文化及生态上的共建共享，导致农村与城市差距越来越大，成为贫困的总根源，而新时期共建共享及五大发展理念的提出，成为我国消灭农村地区绝对经济贫困、全面进入小康社会的行动指南。

---

① 卢洪友. 环境基本公共服务的供给与分享——供求矛盾及化解路径[J]. 学术前沿，2013(2)：98-103.

② 祁毓，卢洪友. "环境贫困陷阱"发生机理与中国环境拐点[J]. 中国人口·资源与环境，2015(10)：71-78.

第四章　影响我国农村贫困人口脱贫的制约因素

通过第三章的分析，我们知道农村贫困人口的贫困与共享不足有着极大的关系，而制约贫困人口共享改革发展成果的因素是多方面的，集中体现在：主体性因素、结构性因素、制度性因素和机制性因素四个方面。

第一节　主体性因素：扶贫主体与脱贫主体综合因素分析

主体性制约因素在脱贫进程中表现突出，集中体现在两个方面：一是作为扶贫主体的政府、社会组织在扶贫中存在的各种问题对脱贫的制约，二是作为脱贫主体的贫困人口自身存在的问题阻碍脱贫进度。

一、政府主导的扶贫模式对脱贫的制约

扶贫是政府的最基本职能之一，实现农村贫困人口脱贫是中国政府义不容辞的责任。在中国，减贫事业之所以能取得举世瞩目的成就，正是因为政府作为强制性制度的供给主体、管理和使用公共资源的主体和社会经济发展的直接干预者发挥了主导性的作用。因此，以政府为主导的扶贫模式具有不可替代的优势。但是，政府在减贫进程中自身存在的问题却成为农村贫困人口脱贫的制约因素。

扶贫政策偏离。贫困地区的人力资本、社会资本、经济地理条件、生态环境条件极差，脱贫难度非常大，这就更加需要脱贫政策与需求、执行

和落实上实现精准统一。但在实际中，存在政策与需求错位、执行和落实上存在"跑冒漏"、反贫困瞄准不合理和不公平、反贫困可持续不足等问题。① 如贫困县与非贫困县、贫困村与非贫困村的贫困人口在扶持政策上不一致，建档立卡贫困户得到的政策支持比较多，而接近扶贫标准的边缘户得到的政策支持很少等问题突出。由于政府政策导向偏离，扶贫政策的效果一度不理想，这就需要对现行扶贫政策进行调整才能有效应对贫困问题。

扶贫目标失准。贫困现象的发生是多重致贫因素交互作用的过程与结果，因此，贫困维度不是单一的经济维度，还应包括政治、文化、社会、生态等多维度。长期以来，我国更多的关注点落在农村贫困人口的较低收入上，而忽视了其他方面的贫困，比如权利方面、文化方面、生态方面及其他方面的贫困。由于地方政府财政实力有限，对于增加农村贫困人口的收入的帮扶也很有限，因此，只能将解决农村贫困人口的温饱问题作为重要目标。

扶贫资源使用效率低。在扶贫资金方面，由于缺乏对资金使用情况的有效监督和管理，导致大量扶贫资金不到位，或到位资金也没有全部用在扶贫项目上，如扶贫资金被挪作发放贫困地区干部的工资，或被地方政府挪用来发展其他经济项目。对于扶贫资金的使用和分配，地方政府往往追求平均化，因此扶贫资金往往没有被用在最需要的地方。在扶贫资源配置方面，由于过度强调和依赖政府作用，扶贫开发主要依赖政府利用行政体系对扶贫资源进行配置，而忽视了市场经济规律，导致扶贫资源流失现象普遍，甚至与经济发展规律相矛盾。在扶贫项目选择方面，受政绩观的驱使，较易选择立竿见影的"短平快"项目，重短期效益，轻长远利益；重表面数字，轻实际功效。

扶贫主体单一。长期以来，我国扶贫事业进程中，政府在实现贫困人

---

① 王春光. 社会治理视角下的农村开发扶贫问题研究[J]. 中共福建省委党校学报，2015(3)：5-13.

口脱贫中发挥了非常重要的作用，但正是由于政府在扶贫中所处的这种绝对支配地位，反而使得在反贫困事业中缺乏一定的社会力量的支持，导致其他的社会主体缺位或成为被动的参与者，没有发言权、监督权、决策权，导致社会力量参与扶贫的积极性、主动性不高，使得政府扶贫任务艰巨而沉重。

二、社会组织参与扶贫方式的局限性对脱贫的制约

中国在减贫过程中，政府的决定性作用是毋庸置疑的。但是由于政府在扶贫的过程中有其自身的问题及弊端，社会组织在扶贫事业中的作用显得越来越重要。社会组织具有民间性、非营利性、公益性、专业性的特点，能弥补政府的不足。社会组织能提高群众的参与度；能提供一系列非营利性的公共服务，如生存扶贫、技术扶贫、教育扶贫、合作扶贫、文化扶贫等；在扶贫项目的选择和规划上比政府更加专业，从而能够促使扶贫效果更加精准。但是，由于前期扶贫仍然处于政府主导的模式，导致其参与方式存在局限性，制约了脱贫的进程。

对政府依赖性强。从资金来源看，社会组织最初都是由政府创立的，资金来源单一，大多来自政府。在扶贫资金的筹集上主要依靠政府拨款和财政补贴，而且资金总量不高。当前大部分社会组织资金严重不足，近半的社会组织机构完全依赖于政府的资金来维持其正常运行，① 这大大限制了社会组织在扶贫过程中的作用。

政府政策扶持力度不够。国家虽然提出要引导社会组织积极参与和执行政府扶贫开发项目，但在实践中，扶持政策较少，可操作性并不高。如国家在 1999 年出台了《中华人民共和国公益事业捐赠法》，与之配套的政策和一些具体的实施细节至今尚未出台，原先所规定的捐赠优惠政策也没有得到全部的兑现。

① 张琦，贺胜年. 社会组织：2020 年如期脱贫重要力量[J]. 团结，2016(4)：25-27，53.

社会组织自身存在问题。在人才建设方面，社会组织存在人才结构不稳定，人员流动性快，员工素质不高，专业性不强等问题。在扶贫项目实施方面，存在投资单一性、瞄准存在偏差、推广应用成本高等问题。从内部管理方面来看，存在管理制度不规范，组织成员行为存在较大的主观性、随意性，一些成员丧失了责任感。

三、贫困人口脱贫能力不足对脱贫的制约

我们必须清醒地认识到，农村贫困人口脱贫不能仅仅依靠政府和社会的力量，归根结底还得依靠贫困人口自身实现自我脱贫、自我发展。印度著名学者、诺贝尔经济学奖得主阿马蒂亚·森曾经指出："有很好的理由把贫困看做对基本的可行能力的剥夺，而不仅仅是收入低下。"①可行能力即贫困者摆脱生存的脆弱性、根除贫困、走上持续和健康富裕之路的实际能力。然而，当前贫困人口脱贫能力不足是制约他们脱贫的重要因素。

生存能力的脆弱性。受生态环境恶化和自然资源短缺的影响，土地、林地、草地和水资源的退化，贫困人口难以获得充足的食物、适宜的饮用水和生产用水，这直接威胁到他们的健康状况。因此，由于生态环境的恶化导致的疾病蔓延也就成为贫困人口面临的一个重大风险。由于得病后无钱医治，导致他们的劳动能力严重下降，生存能力大受影响。我们经常看到，一个家庭因为一个人的生病而导致整个家庭经济困难，农民家庭因为成员的生病而陷入贫困的现象屡见不鲜。贫困人口应对自然灾害的能力也极其脆弱，自然灾害往往会对农业带来毁灭性的打击，进而导致农业收入严重下降，生活水平下降到贫困状态，使得本来就贫困不堪的家庭更加雪上加霜。而那些因病、残、年老体弱或发生意外灾害、事故等而丧失劳动能力的贫困人口，在贫困农户中占到将近一半。

发展能力的缺乏。由于受教育程度有限，贫困人口严重缺乏相应的知

---

①　[印]阿马蒂亚·森.贫困与饥荒[M].王宇，等，译.北京：商务印书馆，2001：15.

识和技能，在获取和利用社会资源上处于劣势，导致自我发展和实现自身发展的可能性大大降低。贫困农村经济落后，资金来源匮乏，教育所需要的经费往往是按照学生人数划拨，农村教育发展所需要的各项经费增长困难，有些地方几乎得不到公共财政经费的支持，教育附加费被随意挪作他用的现象屡见不鲜，导致农村教育投入难以得到保障，教育质量严重落后。农村的基础教育虽然普及率已达到国家标准，但是办学质量较低，还停留在非常单一的应试教育模式上，与城市的先进教育理念相差很大，通过教育实现脱贫对农村的贡献作用还很有限。尤其是农村最急需的职业教育和技术培训发展得相当缓慢。当前，我国的职业教育实行在国务院领导下，分级管理、地方为主、政府统筹、社会参与的管理体制，相对于普通教育来说，农村贫困地区职业教育的发展非常缓慢，由于长期投入不足，教学质量无法满足农村发展需要。

思维能力的局限性。有些贫困村、贫困户之所以贫困，不是他们没有致富的能力，而是缺乏脱贫致富的勇气、勤劳实干的精神以及"人穷志不穷"的理念，受思维能力所限，他们对自己的发展缺乏明确、长远和理性的思考。比如，长期以来，我国政府在农村扶贫开发工作中财政投入巨大，极大地改善了贫困人口的经济生活条件，但是这些脱贫人口只是国家扶贫计划的被动受益者，并不是脱贫的真正主角。单纯地依靠国家帮扶，这样不仅国家财力难以持续承受，而且因许多福利的获得以低收入为条件，使得一些贫困者为获得国家福利，宁可放弃收入的增长，出现过度依赖政府的"等靠要"思想，从而掉进"贫困陷阱"。

第二节 制度性因素：土地集体所有制和村民自治制度综合因素分析

农村土地集体所有制是我国农村的基本经济制度，是社会主义公有制在农村的主要实现形式。农村土地集体所有制是以土地财产归属为核心的相关制度安排，能解决在农业经济发展过程中由土地引发的效率与公平问题。但在实践中，由于制度的不完善而存在的不公平性，成为制约脱贫的又一个重要因素。

一、农村土地制度不完善对收入分配公平性的制约

贫困的状况和变化与两个因素直接相关，一个是收入增长，一个是收入分配。当前农村居民增收主要依靠以下四个渠道：一是工资性收入，二是经营净收入，三是财产净收入，四是转移净收入。工资性收入、财产净收入以及转移净收入的不同是造成不同阶层之间收入差距扩大的主要原因，财产净收入对贫困人口收入增长贡献率最小。财产净收入是财产的增值部分，财产越多能够获得的财产性收入也就越多，尽管农民有土地、草原、林地的承包经营权，有宅基地使用权及农村集体资产和农机具等方面的财产，但受到很多制度性因素的制约，财产净收入来源受限。其中，影响财产净收入的最大影响因素主要来自土地制度。

一是产权主体的不明晰，农民并未对集体土地拥有真正的处分权，农民的土地财产权益得不到保障。由于"存在农村土地集体所有权主体模糊或虚位、土地承包权受限和收益权不充分等制度障碍，造成农民的征地补偿偏低、土地财产权益损失、土地增值收益难以分享"，[①] 财产性收入增长缓慢已成为农村贫困人口与非贫困人口收入差距的主要原因。二是土地流转不畅，农地的抵押权和继承权缺失，土地承包经营权的排他性较弱。三是农民没有完整的宅基地物权，仅被赋予占有、使用的权能，而没有收益和处置的权能。四是农民在集体建设用地的收益分配中处于弱势地位，其收益权无法得到切实有效的保障。五是政府违规征用土地，对农民的征地补偿过低。由于农村集体组织治理结构的不完善，导致农村征地过程中农民得不到合理补偿，经济利益受到极大损害，少数农村集体组织私自挪用甚至随意克扣农民的经济补偿费用。

---

① 张宁. 土地产权残缺：农民财产性收入增长的制度瓶颈[J]. 湖北社会科学，2013（3）：85-87.

二、农村土地制度不完善对社会保障普惠性的制约

农村土地产权制度的建构为广大农民提供了多种形式的社会保障，也就是说农村集体土地制度是否完善对于农村社会保障水平的高低有着重要的影响。具有中国特色的土地保障功能为农民提供了生存保障、就业保障、养老保障、救济保障和失业保障，但由于不健全的土地产权制度，也最终影响着农村社会保障制度的全面建立。

一是现行农村土地集体所有制导致农村社会保障形式静态化，对农民保障失去了造血功能。农民作为农村集体中的一员享有平等的土地分配权，如果土地分配不均则会直接导致一部分人或家庭陷入贫困。因而，在土地资源配置中公平原则占据了主导地位，效率原则只能退居第二位。实践表明，在收入水平越低的地区，贯彻平均主义越彻底。对农民而言，土地所承担的社会保障功能已经重于生产功能。因此，越是贫困的农村土地流转机制越是难以建立，土地产出的效率必然被降低，农民获得的各种保障水平也越低。

二是现行农村土地集体所有制促成了城乡二元社会保障体系的形成。近年来，国家对农村一方面减免相关税费，包括人口税、农业税、畜牧税和特产税等税种，意在减轻农民的负担，促进农民的增收。另一方面也加大了财政投入力度，完善农村社会保障体系。但贫困农村的社会保障水平仍然落后于城市。主要原因在于农民有土地作为依托，而土地保障又客观存在，国家于是将社会保障的重心转移到城市，集中精力和财力在城市建立以社会保险为主要内容的社会保障体系，解决由于国有企业改革所带来的下岗和失业等日益突出的社会问题，致使农村长期停留在低层次的保障水平上。在农村，国家主要通过减轻农民负担、调整产业结构来增加农民收入，建立农村最低生活保障制度，以维持农村的稳定。在城市，国家把主要精力用于建立与工业化相适应的社会保障制度。① 由此可见，由于土地保障的存在促

---

① 赵海林. 论农村土地产权制度对农村社会保障制度的影响[J]. 农村经济，2005(1)：38-41.

成了城乡二元社会保障体系的形成，农民在其中处于不利地位。

三是现行农村土地集体所有制阻碍了农村社会保障制度的进一步改革。在现行的土地制度下，农村土地的社会保障功能被不断强化，但是，反过来这种土地的社会保障作用却又阻碍了农村社会保障制度的进一步改革，农村社会保障体系建设明显落后于城市的进程，社会保障水平与城市相比也有较大差距。从农村最低生活保障来看，贫困村低保户比例高，低保标准低。农民最低生活保障资金的筹集以地方为主，对于财政困难的地区，中央财政给予适当补助，但贫困地区经济水平低，低保户数多，依靠村和乡镇财政支撑的农村低保制度负担重、支付能力有限；在制定最低保障线时，各地政府完全根据当地的社会发展水平、社会平均收入水平以及地方财政实力，以满足最低标准的原则来制定最低保障水平，这就会出现贫困村低保的标准要低于非贫困村的现象。加之"富人套保""干部亲友套保""村组干部争保"等问题的存在，严重影响了社会保障制度的公平性、普惠性。新型农村合作医疗本是为了彻底解决因病致贫问题的一种制度设计，当前运行资金主要依靠多方筹集，个人出一部分、集体出一部分、政府出一部分，不过，在急剧转型的社会经济环境中，农民的实际收入并没有随着经济的高速发展而快速增加，而医疗价格的增长速度却大大高于经济增长的速度。高昂的医疗费用逐渐成为农民新的沉重负担，由于新农合的平均报销比例偏低，尤其是大病补偿比例偏低，"因病返贫"常有发生，成为贫困农民加剧贫困的主要原因之一。从农村新型养老保险来看，农村养老保险是对农民老年生活的一种保障，但由于新农保在农村推行力度不够，覆盖率太低，许多农民并不愿参保。在一项调查中发现，无论是贫困村还是非贫困村，新农保覆盖率在 25% 以下的村庄均占一半以上，贫困村的覆盖率在 25% 以下的村庄比例高达 70%，高于非贫困村的 55.5%。[①] 目前，农民的养老问题主

---

① 邓大才. 反贫困在行动：中国农村扶贫调查与实践[M]. 北京：中国社会科学出版社，2015：80.

要是以土地、家庭保障为主，仍然依靠传统的"养儿防老"办法，家庭养老负担很重。从农村"五保"供养来看，主要是保障那些生活贫困的孤寡老人、残疾人以及孤儿的基本生活要求，对他们"保吃、保穿、保住、保医、保葬（保教）"。但在具体的实施过程中存在五保对象的供养水平远低于当地村民的平均生活水平，供养标准低的现象；仍有一些达到五保供养标准的农民没有被纳入五保供养范围，或者虽然纳入五保供养范围但并未领取过五保供养金的现象；五保对象看病难，就医难，治疗费用负担过重；贫困村敬老院存在缺资金、缺设施、缺专业人员等突出问题。

三、现行农村土地集体所有制与村民自治制度的冲突

村民自治是与家庭联产承包土地制度相适应的国家对农村治理的一项基本的政治制度，村民自治与农村集体土地制度有着密不可分的关系。虽然家庭联产承包经营的土地制度曾经促进了村民自治制度的建立与发展，但是，随着社会的不断发展，滞后的农村土地制度越来越制约着村民自治的发展，同时村民自治自身发展的不完善也制约着农村土地制度的改革。

一是农村土地集体所有制对村民自治的制约。村民自治运转离不开集体土地制度，按照村民自治原则管理集体土地是土地集体所有制内在的制度要求，但是，滞后的土地集体所有制却对村民自治形成了制约，由于集体所有权概念本身的模糊性，导致集体所有权的主体不明确、农民权利的虚化，主要体现在集体土地所有权的行使和集体土地利益配置两个方面。一方面，集体土地和农民利益的联系度不高，农民不能切实感受到土地对其带来的利益，造成"人人有份、人人无份""谁都应负责、谁都不负责"的状况。另一方面，集体所有权往往缺乏最终的归属，在集体土地及其权益遭受侵害之后，谁有权主张权利，并不明确。① 这极不利于保障农民权益。

---

① 王利明，周友军. 论我国农村土地权利制度的完善[J]. 中国法学，2012(1)：45-54.

　　二是村民自治制度的不完善又制约着农村土地集体所有制的改革。村民自治制度是保障农民集体土地权益的制度安排，但实际上，村民特别是贫困群体发挥其民主决策、民主管理、民主监督的权利和机会被弱化，在土地征用、土地流转中集体资产、资源利用和开发及项目建设和征地拆迁违规情况频发，导致村民特别是贫困群体的利益严重受损等问题发生时他们根本无力阻止。从民主决策方面看，贫困群体被排斥在重大事务和公共事务决策之外。在实际的村务决策过程中，村民的参与率低，民主决策的实施效果并不理想。由于目前许多村庄在进行民主决策时并没有严格按照法律法规规定的程序进行，存在动议参与、会议参与、决议参与的不规范，出现了村民特别是贫困群体在会议的召集、议题设定、重大问题商讨等方面的知情权、表达权等权利的弱化，导致民主决策的形式化，严重影响了民主决策的有效实施。由于民主决策过程中，乡镇政府和村委会之间关系错位，职能划分不清，许多地方的乡镇政府及部门将村委会作为最基层的一级政府组织，并赋予其政府的相关职能和职责，将许多政府的事务性工作完全交由地方村委会来执行。因此，决策的结果根本不能够真正体现村民以及贫困群体的真实意思，这种简单地靠乡镇政府指导和决定的决策方式严重挫伤了村民及贫困群体参与村庄民主决策的积极性。从民主管理方面看，贫困群体仍然被排斥在管理村庄重要事务之外。在制度设计上，村庄管理主体是多元化的，包括村民代表会议、村委会、村民会议、村党支部、村主任或村支书等多种集体或个人的管理主体。但在实际运行过程中，经济发展水平低的农村，召开村民代表会议或村民会议的次数要少于经济发展水平高的农村地区，村务公开程度也明显较低。因此，贫困群体参与村庄民主管理的范围和程度都要偏低。从民主监督来看，贫困群体的监督作用更是微乎其微。总的来讲，我国村级民主监督组织体系初步形成，但村级民主监督组织数量少，人员配备不充足，村民民主监督活动也较为单一，大多通过村民代表大会和村务财务公开来开展村庄民主监督，村民或贫困群体起到的效用并不大。

第三节　结构性因素：城乡二元结构与产业结构综合因素分析

贫困问题的产生更深层次的原因是经济、社会、政治等各领域发展的不平衡、不充分，贫困人口始终处于经济、社会和政治等多个结构当中的弱势地位，这种因结构性因素导致的贫困很难使贫困人口跨越其所处的结构性位置，逐渐带来了贫困的固化，而表现最为突出的结构性制约因素，一是来自农村内部的经济结构（产业结构）、生态结构失衡而导致的农村经济落后，贫困状况加剧；二是来自整个社会（城乡）的结构失衡导致各种社会资源、利益分配不公平，使得农村贫困状况固化，贫困人口难以完全消除。

一、城乡二元结构对脱贫的制约

城乡二元结构包括城乡二元经济结构和城乡二元社会结构。城乡二元结构是中国在由传统农业经济向现代工业经济过渡的历史进程中逐渐产生、扩大并会最终消失的现象，在城乡二元结构的转型进程中，中国农村和农民都付出了巨大的代价，由于城乡二元结构的存在，城乡之间发展断裂，政府在投资取向、财政分配、土地利用和其他政策的制定上均偏向城市，此举成为中国农村贫困和农民个体贫困的根源。

从城乡二元经济结构来看，城乡经济发展水平悬殊。从新中国成立到改革开放以前，中国政府通过运用计划经济手段和国家政策来积累工业资本，实现工业化强国。工业化发展所需的巨额资金主要来自农业。一方面国家通过制定有利于城市、工业、发达地区发展的相关政策，通过以农补工政策，将资金、技术、人才等基本要素向城市、重工业、发达地区作相应的倾斜，导致城市集中和垄断了大部分工商业，农村经济发展能获得的基本要素很少，阻滞了广大农村地区的资金、技术等生产要素来源，从而严重制约了农村地区经济的发展，有的地方甚至长期出现停滞；另一方面以工农业产品的剪刀差价格，强制转移农业剩余，农业利润被用于城市工业经济发展，在这种不等价交换方式下农民收益受损，利益流失，使得农民生活水平长期得不到根本改善。改革开放以后，农村经济得益于制度转型带来的利好，但是其发展程度远远落后于城市，而农村经济的落后又严重束缚着其他事业的发展，尤其是社会保障事业发展相对滞后。

从城乡二元社会结构来看，农村社会发展相对落后。长期以来，由于二元社会结构加深了城乡之间的断裂程度，特别是实现城乡有别的户籍制度，使得农村居民的发展机会不平等，各项权利无法得到保障甚至被剥夺。1958 年 1 月，《中华人民共和国户口登记条例》颁布，第一次明确了两种户籍形式，一种是农业户口，一种是非农业户口，其目的就在于大力促进中国重工业化发展战略的实施，严格限制和管制农民向城市流动，减少给城市工业化发展带来的压力。因此，农村居民"自由迁徙和居住"的权利受到严格控制，"农业户口"的身份限制也使农民在享受国家改革成果和个体社会保障方面困难重重。城乡二元户籍结构使得农民不得不固定在有限的土地上，而不能实现向城市的自由流动，这种城乡分割的户籍结构成为农村剩余劳动力转移和城乡人口交流的严重障碍，使得原本封闭、落后、贫困的农村变得更加封闭、落后、贫困。由于这种户籍分割使得社会保障制度的范围有限且单一，农民被排斥在外，进一步拉大了城乡经济发展状况的差距。虽然近年来，农民工大量进城务工，促进了农村剩余劳动力的转移，实现了生产要素自由流动，丰富了农民的收入途径，但是，由于城乡二元社会结构形成的户籍制度、就业制度、社会保障制度等刚性制度壁垒，农民工被城市排斥而无法融入城市生活，最终不得不再次返回农村，成为城乡的"两栖人"，这无疑给扶贫工作增加了难度，也无益于农民脱贫。

二、产业结构失衡对脱贫的制约

产业结构的状况及变化总是同一定的经济发展水平相适应，贫困农村经济发展滞后，第一、第二和第三产业比例失衡，产业结构优化与调整的速度与程度都远远落后于沿海发达农村和全国农村平均水平，形成经济发展与产业结构变动滞后于其他区域的格局。产业结构失衡与调整滞后的直接后果就是贫困农村贫困、落后、封闭与资源环境脆弱并存。

第一产业比重过大。虽然从事第一产业的农村人口所占比重不断下降，但这一比重仍然较高。农业产值在农林牧渔业总产值中的比重超过50%，说明农村经济增长中第一产业贡献了更多的份额，且第一产业的发展主要靠劳动力的投入，农业现代化水平低；而在第一产业中，经济效益较高的养殖业比重要小于种植业，而在种植业中能带来较高附加值的经济作物比重又偏低。因此，仅靠以种植业为主的第一产业是没有办法帮助农民脱离贫困从而达到富裕的目的。此外，在农村能够从事养殖业的家庭比例非常小，而且是单家独户进行生产，无法产生集聚效应，依靠这种分散化的养殖业是不能帮助贫困人口脱离贫困目标的。

产业结构优化升级缓慢。贫困地区产业结构优化升级的速度与程度远远落后于沿海发达农村和全国农村平均水平，产业发展滞后，无法快速推动贫困农村经济增长。从财政投入方面分析，大部分的扶贫资金都用于基础设施建设，而文化卫生和产业扶持投入所占比例较少。一项调查显示，39个村合计获得的政府扶持资金投入总额为2030.389万元，然而基础设施政府扶持资金投入总额为1726.091万元，用于基础设施的资金占到政府扶持资金比例的85.01%。① 除此之外，审计署在财政扶贫资金审计结果公告上提到：虚报冒领扶贫资金或扶贫款项问题；项目组织和实施过程中，部分扶贫资金被挤占挪用、贪污侵吞问题；项目效益不佳，损失浪费等问题依然大量存在。从金融扶贫方面分析，长期以来，为支持贫困地区经济发展，帮助贫困地区产业发展，推动产业结构升级，国家实施了一系列金融政策。国家要求银行在能源建设项目、农业发展项目、基础设施建设项目上给予贫困地区高度的重视，确保资金供给和利率政策的优惠，

---

① 邓大才. 反贫困在行动：中国农村扶贫调查与实践[M]. 北京：中国社会科学出版社，2015：76.

并要求政策性金融机构在支持贫困地区产业培育、产业结构转型升级中发挥作用，还鼓励商业银行为贫困地区产业发展贡献力量，并在全国贫困村开展新型金融机构服务农村产业的试点工作。但是，由于贫困村经济发展水平落后，信息闭塞，技术缺乏，支撑产业弱，农产品量小且市场化程度极低，导致贫困村产业市场竞争力弱，发展后劲不足，使得想通过增加金融供给在短期内实现产业结构升级难度相当大。再加之贫困地区人才、技术等生产要素严重不足；农民文化程度普遍较低，接受新知识、新技术能力差，难以形成人力资本优势；农村经济落后，收入水平低难以吸引产业发展所需的人才和技术，如此种种，使得产业结构升级缺乏内生动力。

第四节　机制性因素：共建和共享机制综合因素分析

脱贫不只是单一因素在发挥作用，而是多个因素共同作用的结果。因此，脱贫的机制性因素既包括经济方面，也包括政府、社会方面，取决于政府、市场和社会如何共同运作，以及国家和地方对公共行为的选择。前期，我国在反贫困进程中由于缺乏合理的、公正的机制安排，特别是政府、市场和社会之间共同作用的减贫机制尚不完善，共建共享的良性互动局面没有形成，导致脱贫效果一般。

一、共建机制不健全对脱贫的制约

实现我国农村贫困人口的全方位脱贫，不能仅依靠政府单一力量来完成，还要发挥社会和市场的力量共同发挥作用。共建机制的建立和完善就是要为贫困人口实现脱贫提供体制机制的保障，然而，前期由于共建机制的不健全，导致脱贫缺乏保障而制约了脱贫的进程。

（一）政府与市场扶贫联动机制尚未确立

从以往的扶贫实践来看，政府和市场在反贫困进程中各自都扮演了重要的角色，但各自在发挥作用的同时又存在不足和局限，协调联动作用没有发挥出来。

一是政府扶贫机制的作用及局限。由于我国减贫任务的艰巨性以及历史原因，在整个扶贫进程中我国政府始终处于主导地位，主要通过财政手段、税费制度、减贫政策等来完成扶贫任务。虽然在减贫过程中并不是全由政府大包大揽，但政府部门仍然是主要力量，取得的减贫效果是值得肯定的。但由于我国贫困范围广而且贫困程度深，使得有限的政府财政资源难以支撑，政府扶贫机制在某些方面存在失灵。因此，简单地依靠政府扶贫机制难以满足扶贫的需要，政府之手并非实现我国农村贫困人口脱贫的"万能良药"。正如公共选择理论方面的著名学者戈登·塔洛克所指出的："政府是一些问题的解决力量，也是另一些问题的产生根源。"①也就是说，政府机制除了存在失灵的可能性，还存在错位现象，如政府对财富和资源的行政性垄断以及不合理分配，政府制定的市场规则不合理或存在漏洞，准入门槛的设定让很多真正的贫困人口无法获取扶贫资源，从而失去获得公平的利益分配的机会，直接导致城乡经济发展失衡、城乡居民收入的不合理和城乡基本公共服务供给非均等化问题突出；政府甚至把一部分行政权力拿到市场去作为交换价值获得利益，导致扶贫过程中出现贪污腐败问题。政府行政垄断体制的特点，决定了政府在扶贫工作中会产生不合理的现象，比如分配不公、效率低下、成本居高不下等问题。二是市场机制的作用及局限。由于市场机制存在盲目性、滞后性和逐利性，极易导致一边是财富积累，另一边是贫困积累的"马太效应"的产生，可以说，贫困的产生与市场机制存在的弊端有着密不可分的关系。当然，市场机制也有其优势，能够提高贫困农户市场参与程度，有利于优化生产要素配置，促进产业结构调整，实现贫困农户收入的增加等。但从我国减贫过程来看，农村和农业经济发展滞后，

---

① ［美］戈登·塔洛克：公共选择——戈登·塔洛克论文集［M］. 柏克，郑景胜，译. 北京：商务印书馆，2011：28.

贫困地区的生态环境与自然资源遭到破坏；农业生产要素市场扭曲，贫困农村急需要的生产要素短缺；农产品市场发展不完善，致使农民收入水平低和增长缓慢。由此看出，社会资源的配置应当由市场机制来发挥作用，但是由于我国市场机制存在着自身的缺陷以及很多不完善的地方，导致市场机制不能充分发挥作用，反而对脱贫工作带来负面影响。在我国减贫的过程中，政府机制和市场机制各自的局限性和不足表现得十分突出，没能把各自的优势很好地结合起来，形成协调联动机制共同发挥作用，这样的结果必然是陷入"高成本、低效率"的恶性循环之中，脱贫目标难以实现。

（二）政府与社会扶贫合作机制不完善

从长期的扶贫进程来看，我国形成了"强政府—弱社会"的扶贫格局，从扶贫资金的投入、公共产品的供给，到资源的决策权、使用权和控制权都是政府占主导地位，并以行政手段对社会扶贫资源进行支配、管理和调控。近几年，在扶贫进程中社会力量发挥了重要的作用，体现出社会力量的优势，但是长期以来，由于政府在社会上处于决策控制地位，使得社会扶贫力量处于被动地位，缺乏主动性和能动性。如此一来，带来的不利影响就是对当前社会扶贫的力量认知不清，没有形成完善的动员机制；参与渠道单一，缺乏制度保障，组织管理不完善；资金投入的稳定性差，资金整合机制缺乏，极大地制约了社会扶贫的成效；项目实施的连续性差，缺少完备的考评体系等。此外，社会扶贫还存在能力不足、独立性较弱、鱼龙混杂等问题，难以承接政府转移的职能，满足扶贫的需要。由此来看，政府与社会之间更多是支配与被支配的关系，没有真正实现相互补充、共同发展的关系，即扶贫合作机制并不完善。

（三）政府与政府间扶贫协作机制不健全

在扶贫过程中，政府间的协作非常重要，政府与政府间的协作关系直接影响着扶贫的成效。但由于中央政府与地方政府之间、行政区域之间政府扶贫协作机制存在一些问题，协作关系还没理顺，严重制约脱贫的进程。一是中央政府与地方政府间扶贫协作关系不顺畅。在高度集中的权力体制下，中央政府与地方政府之间尽管存在合作关系，但主要是命令—服从关系。如从具体的责任分工来看，扶贫资金的投入、扶贫项目的规划主要由中央政府来承担，而对于这些扶贫资金应该如何分配、扶贫项目应该如何落实，则是地方政府的责任。由于各个贫困地区的实际需求千差万别，中央政府很难制定一个适合各个地区实际需要的统一的扶贫目标，导致基层政府在扶贫工作中有意或无意地偏离政府的实际工作目标。二是行政区域之间政府扶贫协作关系没有完全建立起来。我国农村贫困地区具有跨省市的特点，而长期以来各部门都是仅服从上级部门管理，缺乏横向的部门之间的合作意识。往往是中央层面进行了统一的协调布置，确定了统一的目标，但是各地政府部门在执行过程中往往不能很好地执行上级部门的决策，在推进扶贫工作中存在进度慢、力度小的现象。由于各行政区域的独立、垂直管理，使得片区内各区域间的联动配合不仅存在体制机制上的障碍，而且也存在意识、意愿上的困难，区域间、部门间很难形成有效的配合，这也是当前片区扶贫规划实施中普遍存在项目资金落实困难、项目实施进展缓慢的重要原因之一。①

二、共享机制缺失对脱贫的制约

我国农村贫困人口脱贫的过程实质上就是贫困人口全面共享发展成果、共享水平不断提高、收入差距和生活水平差距不断缩小的过程。共享机制的建立和不断完善就是要最终解决贫困人口如何脱贫这一根本性问题。然而，很长一段时期，由于共享机制的缺失，导致收入分配调节机制、阶层利益表达机制、政府公共服务供给机制在实现共享、消除贫困过程中没有完全发挥作用。

---

① 10·17论坛组委会秘书处. 全面小康与扶贫开发首届10·17论坛文集(下)[M]. 北京：世界知识出版社，2015：15.

（一）收入分配调节机制不健全

一是多渠道收入增长机制不健全。当前，农民收入的主要来源来自工资性收入，但农民工工资稳定增长机制尚未建立，这部分收入存在不稳定性；家庭经营收入是农民收入的基础，但由于农业和农产品易受到自然风险和销售价格波动的影响，也会直接影响农民增收；转移性收入受到政府财力硬约束和增势减缓的制约，财政直接补贴农民余地越来越小，只能作为农民补充性的收入。而农民的财产性收入基数小、比重低、渠道单一，还远没有成为农民收入的主要来源。二是税收调节机制不健全。通过税收调节收入分配差距的效果是明显的，我国也十分重视税收调节机制对减贫的重要作用，但从实际来看，税收调节机制仍存在一些问题。一方面，对贫困地区关于扶贫脱贫的税收优惠政策的宣传力度不够，缺乏对扶贫政策进行专门的介绍和传授，针对扶贫产业、扶贫项目的相关财务负责人和贫困户的税收政策培训较少。再加上贫困人口地处偏远的山区，现代化的通信设施十分落后，所处环境相当封闭，很难完整地理解税收政策并运用税收优惠政策帮助自己脱贫。另一方面，税收优惠政策利用和落实不到位。现行税收优惠政策关于扶贫攻坚的条款较多，但借助现有政策对扶贫进行规划设计、精准制导不够，如扶贫攻坚相关部门缺少信息沟通协调的平台，难以形成贯彻落实政策的合力；对贫困地区生产和经营的税收优惠政策引导不够，产业结构升级缓慢，难以推动贫困地区经济增长、农民增收。三是社会保障机制不健全。社会保障机制的建立是实现调节收入分配差距的重要途径，健全的社会保障机制能实现对贫困人口基本的生活保障，在一定程度上弥补个人收入分配上的不公平。然而，当前农村社会保障机制仍然存在一些问题，由于缺乏监管机制，农村社会保障基金使用透明性差，挪用、贪污、挤占现象时有发生；农村社会集体保障功能弱化，集体资产如土地流失严重，乡镇企业和公益设施等在经济体制改革和行政体制改革中长期被忽视。

（二）政府公共服务供给机制不完善

通过公共服务供给，实现基本公共服务均等化，缩小城乡差距、区域差距和社会群体差距，这是政府提供公共服务的重要目标。但是，当前较大差距依然存在，基本公共服务非均等化问题十分突出，反映出政府公共服务供给机制的不完善。一是政府公共服务财政供给机制失衡。主要表现在我国财政支出结构的不合理，用于民生最为密切的公共服务支出如教育、文化体育与传媒、社会保障和就业等领域的财政供给与世界平均水平相比还有一定差距，仍然需要加大财政供给来满足公共服务的支出。再加上实施分税制改革以来，用于民生最为密切的公共服务支出大部分由地方政府承担，但因为不同地区的经济发展水平不同而拥有的财力也不同，这就导致贫困地区的公共财政支付能力远低于经济发达地区，由此造成了地区间基本公共服务水平存在巨大的差距。二是公共服务整体协同供给机制尚未建立。长期以来，城乡基本公共服务供给主要由政府承担，而优先发展城市、现代工业的发展战略和政府有限的财力，使得基本公共服务供给向城市倾斜，农村成为供给的薄弱地带，特别是贫困农村基本公共服务水平很低，而市场机制和社会机制受到认识误区和制度规制的限制很难在基本公共服务供给上发挥作用，难以构建起政府、市场和社会整体协同的供给机制。

第五章　我国农村贫困人口脱贫模式及成功经验

模式即道路，我国农村贫困人口脱贫模式就是一条具有中国特色的农村脱贫致富道路，是在中国共产党的领导及各民主党派、社会团体组织和各界人士包括农村贫困人民的共同努力下，经过长期的理论和实践探索，走出的一条可供经验借鉴的脱贫致富道路。具有典型意义的成功模式有毕节模式、塘约模式、庆阳模式等，对这几种模式集中研究有利于为我们总结并形成农村贫困人口脱贫的宝贵经验和启示。

第一节　毕节模式的脱贫实践及成功经验

毕节模式的脱贫实践具有其典型特征，即通过智力支边扶贫帮助我国少数民族贫困地区走出一条教育+科技+产业的脱贫致富道路。智力支边扶贫模式就是发挥政府包括中央统战部、国家民委、各级政协等为主体的机关的智力密集优势，将社会的力量凝聚起来共同作用于贫困地区脱贫攻坚工作。毕节正是通过提升贫困人口的脱贫能力、发挥各方力量推动地区农村经济发展、提高农村地区人民的共享水平实现了脱贫致富，成为我国新时期脱贫模式的一个典型案例，其成功经验值得借鉴。

一、脱贫的历史背景

贵州是全国石漠化面积最大、等级最深、危害最重的省份，"石漠化面积为 3.76 万平方公里，占全省面积的 21.3%，占全国石漠化面积的 11.8%"。① 毕节市地处贵州省乌蒙山腹地，有着独特的喀斯特地貌，地质灾害严重，人口膨胀，经济贫困，是我国西南贫困带的核心区域，联合国有关机构将毕节划为不适宜人类居住的地区之一。1988 年以前，在毕节全区所辖的 8 个县中，6 个是国家级贫困县；总人口为 558.9 万，少数民族人口为 141 万，占 25.3%，315 万人尚未解决温饱问题，文盲半文盲约占 50%。② 劳动者素质低，技术、管理水平等方面落后是导致经济落后的重要原因，进行以教育扶贫和科技扶贫为主要内容的智力支边扶贫，则成为毕节农村贫困人口脱贫和经济发展的决定性因素。因此，让贫困山区的农民既富"脑袋"又富"口袋"成为毕节贫困农村人口实现脱贫的一个重大问题。30 多年来，在党和政府、社会及地区人民共同努力下，毕节市的贫困农村走出了一条通过智力支边扶贫带动产业发展、推动生态建设的具有本地区特色的脱贫致富道路。

二、教育+科技+产业的脱贫实践探索

1988 年，我国创建了唯一的一个在极贫生态脆弱区建立的国家改革试验区——毕节试验区。1988 年 6 月 8 日，胡锦涛同志在毕节地区开发扶贫、生态建设试验区工作会议上指出，发展教育事业对于地方脱贫工作意义重大，毕节要大力推进教育设施建设，完善和发展好基础教育，在此基础上，大力推进职业技术教育，为试验区的发展提供技术人才支撑。2004 年毕节市在中央智力支边扶贫协调小组的指导和帮助下，制定了《贵州省毕节开发扶贫、生态建设试验区 2004—2010 年教育事业发展战略规划》，把发展教育事业放在突出的战略位置，拟在职业教育、基础教育、素质教育、民族教育等方面实现重点突破，加快和促进教育与地区经济社会的协

---

① 毛洪江. 贵州省石漠化治理的五种模式及启示[J]. 时代金融，2012(1)：53.

② 贵州省人民政府. 关于建立毕节地区开发扶贫、生态建设试验区的请示：黔府通 81 号［EB/OL］.（1988-05-26）. http://www.bjsyq.gow.cn/ Article _ Show. asp. ArticleID＝54.

调发展。为进一步推进试验区教育事业快速发展，毕节市结合《国家中长期教育改革和发展规划纲要（2010—2020 年）》《贵州省中长期教育改革和发展规划纲要（2010—2020 年）》和具体实际，制定了《毕节试验区中长期民族教育事业发展规划（2010—2020 年）》。

第一，巩固基础教育。毕节市通过发展学前教育，办好义务教育，普及高中阶段教育，提升特殊教育质量，全力推进基础教育公平建设，努力让每个孩子都能享有公平而有质量的教育，提高贫困人口脱贫的内在能力。学前教育阶段，注重幼儿园教师早教培训和各种育儿活动的开展；完成学前教育招生 186123 人（其中幼儿园招生 128631 人），学前教育三年毛入园（班）率达 76.07%。义务教育阶段，小学入学率达到 99.29%，初中阶段毛入学率达到 97.54%；小学辍学率为 0.38%，初中辍学率为 1.44%，均控制在省规定的范围内；九年义务教育巩固率达 86.5%。推进义务教育均衡发展，黔西县、金沙县通过了"义务教育发展基本均衡县"国家验收，七星关区、织金县义务教育初步均衡发展通过市级评估。高中教育阶段，进一步规范招生工作，取消普通高中"三限"政策，完成招生 73716 人、中职招生 81419 人，高中阶段教育毛入学率达到 85.69%。织金二中"申示"通过省级评估，进入省级三类示范性普通高中行列，黔西一中和金沙一中成功"升类"，进入省级二类示范性普通高中行列。高等教阶段，新建民办贵州工贸职业学院，毕节市幼儿师范学校升格为幼儿师范高等专科学校。全市高等院校达到 6 所，高等教育毛入学率达 30.88%。特殊教育阶段，全市完成特教招生 1411 人，"三残儿童"入学率达 90.07%。民办教育阶段，有民办学校 346 所，其中：民办幼儿园 255 所，在园幼儿 53176 名；民办中小学 78 所，在校学生 67198 名；民办中等职业学校 3 所，在校学生 2549 名。全市新增民办学校（幼儿园）76 所，北大附属实验学校、清华国中等民办学校落户毕节。[①]

---

① 中共毕节市委党史研究室，毕节市地方志编纂委员会办公室. 毕节年鉴 2016 [M]. 北京：方志出版社，2016：403.

第二，重点发展职业教育。毕节市基本形成以双山职教城为主体，金沙县、威宁县职业学校分别为东西两翼，其余县（区）职业学校为节点的"一体两翼多节点"的职业教育空间布局。一是通过与职业学校联合办学，建立技术培训基地，邀请农业技术专家，以教室授课、现场教学等方式，开展农业技术培训，实现有劳动能力的贫困户接受中职以上学历教育、技能提升、适用技术培训；农牧、妇联、扶贫等部门，组织开展果树种植、牲畜养殖、农产品深加工、厨师技能、泥水工技能等培训，把科学知识和生产技能送到贫困群众手里；利用农村的环境优势鼓励农民办养殖场、开农家乐、搞农产品深加工等，促进农村劳动力转移，帮助农民脱贫致富。二是联合各民主党派共同推动地区职业教育的发展。据统计，2011 年民主党派共有 327 人次到毕节试验区考察调研，开展智力帮扶，帮助制定了毕节地区教育人才培训规划，举办毕节地区教研员和骨干教师暑期培训班，并推动各地方组织与金沙县有关乡镇、教育局、学校签订"同心·彩虹行动"对口支持协议，推动通过远程教学系统实现名师教育资源的共享；组织外出培训 471 人次；资助金沙县 238.74 万元，捐赠物资价值 730.79 万元；举办各类培训班，培训教师及医务人员 2508 人次，联系落实相关企业家在金沙县投资 25.5 亿元，此举对推动毕节地区经济社会发展和教育质量的提高做出了积极贡献。① 三是发挥社会组织团体在智力支边扶贫中的重要作用。在 1989 年毕节就开展了智力扶贫项目，该项目包括成立国内外知名的专家顾问组，借用外部资源大力培养干部队伍，通过远程教学共享名师资源；通过整合学术力量，组建团队赴毕节考察调研，为地区发展出谋划策；以毕节项目为切入点，举办中国贫困地区可持续发展战略论坛；捐设博雅图书室，为贫困地区点亮希望之光。通过实践检验，智力扶贫项目在脱贫攻坚中取得了显著效果。

第三，推进地区科技发展。科技部将毕节试验区列入国家可持续发展

---

① 中央社会主义学院中国政党制度研究中心. 中国政党制度年鉴 2011［M］. 北京：中央文献出版社，2012：683-684.

实验区，将毕节试验区作为"自主创新"与"和谐发展"的试验基地，支持毕节地区石漠化综合治理工作的开展，同时支持毕节加大科技成果引进和转化工作力度，引入国内外先进科技，与毕节试验区的新型工业化和生态现代化实践相结合，提高其水平和效益，把环境的负效应降低到最低限度，加快毕节试验区生态现代化建设的步伐。① 2011 年，民进中央组织内外教育专家就毕节试验区教育问题深入开展调研论证，引导或支持企业家会员投资毕节，如"开明同心大市场"等项目落户金沙，为当地发展注入新的活力；依托中国林业科学院和"毕节专家顾问组"，为当地治理石漠化提供科技咨询。

第四，科技带动产业发展。在智力支边扶贫过程中，毕节试验区特别注重在引进"种植、养殖、加工"等富民项目实现脱贫的同时与贫困地区生态环境的改善结合起来。通过积极完善基础设施建设、农田水利设施建设等，结合产业扶贫开发项目如发展种植业、养殖业、特种经济林产品、特色生物制药、特色旅游等来实现脱贫目标，并促进地区经济协调发展。根据调研，9 个生态建设示范点显示，虽然受到多方面因素的影响，村民的收入略有差别，但从总体上看还是有了很大的提高，年人均收入在 5000 元以上，明显高于全市农村人均收入水平。其经济来源主要是：种植水果、畜牧养殖、开办农家乐、国家退耕补偿等，这些改变了以往单纯依靠种植业增加收入的传统谋生方式。② 三次产业结构从 21∶43∶36 调整到 19.8∶39.8∶40.4，粮食总产量稳定在 250 万吨左右，实施特色农产品"4321"工程，发展十大特色农业产业，形成了马铃薯、蔬菜、生态畜牧业、特色瓜果、中药材、茶叶等六大农业板块经济区，打造了"乌蒙山宝·毕节珍好"农产品区域公共品牌。③ 通过地区产业结构调整，推进地区生态建设，如

---

① 包俊洪. 中国农村综合改革试验区之"毕节模式"探析[J]. 复旦学报（社会科学版），2011(6)：123-128.

② 罗国锦. 毕节市生态建设与农民增收情况研究[J]. 乌蒙论坛，2016(4)：27-29.

③ 韦嘉洪，余金. 毕节市建设精准扶贫精准脱贫高地对策研究[J]. 乌蒙论坛，2016(5)：45-51.

充分利用荒山、荒坡和林下资源，大力发展林下经济、林下产业，推动生态产业化、产业生态化，实现了经济和生态双赢的局面。

三、智力支边扶贫模式的成功经验及借鉴

毕节模式是以智力支边扶贫为主要内容和特点的，在中国共产党的统一领导下，多党派通力合作，调动各方力量来实现贫困岩溶山区人口、生态、资源、环境协调发展的成功实践。从毕节试验区的智力支边扶贫实践中，可以总结出一些成熟的、切实可行的、有推广价值的经验。毕节地区实现脱贫的主线就在于通过共建加快脱贫的进程，通过共享来提高贫困人口的生活水平和质量，最终带动整个地区走上共享共富之路。

第一，突出智力扶贫的重要性，通过发展教育和科技实现农村扶贫由"输血式"扶贫向"造血式"扶贫的转变。毕节试验区正是通过提高贫困地区的人口素质，培育贫困人口脱贫的内生动力，实现"智力层面的脱贫"和贫困农村的可持续发展。其中，优先发展职业教育成为智力支边扶贫的重要着力点。职业教育能够提高当地贫困人口的职业技能，为推进当地经济结构的转变提供源源不断的人力资本，对推进当地社会和谐发展具有重要意义。职业教育不仅具有较强的经济属性，为经济社会发展提供技术和人力资源保障，而且还能满足个人发展的需求，实现了人力资源开发和人口素质提高的深度融合。一是联合职业学校建立技术培训基地。在当地的贫困人口中大力推行技术培训，使他们尽快掌握必要的职业技能和技术，成为推动当地农村实现现代化和社会发展的技术人才；大力实施就业创业工程，引导农村劳动力向第二、第三产业流动，切实帮助农民增收致富。二是建立职业教育培训网络，完善远程教学系统，跨越由于地区环境、交通等自然条件造成的职业教育困境，使教育资源能直接有效地服务于贫困落后地区的各项建设。

第二，把生态建设与经济社会发展统一起来，是毕节试验区扶贫开发的重要特征和成功秘笈。一是通过三次产业的优化升级实现生态环境改善与经济社会协调发展。毕节具有生态脆弱、自然修复困难的喀斯特地貌特

征，产业发展具有先天性障碍，结合实际毕节把产业结构调整作为重点，实施一揽子林业生态建设工程，实现林业生态环境的改善；抓好生态农业治理，保护好耕地和非耕地资源，通过治山养山实现脱贫致富；发展特色果林产业，实施生态、扶贫等项目，推行合股经营、引资经营、项目整合等多种经营模式，推进瓜果林产业建设。二是紧扣"生态建设"主题，持续强化法治生态环境建设。曾经有人用"地球癌症"来形容毕节的自然生态环境，毕节的经济社会发展与生态环境的矛盾非常突出，更以黑废水、黑烟囱、黑废油、黑名单而出名。针对这一情况，毕节市通过长期摸索总结出通过多项政策强化打击治理的办法来解决这一突出的矛盾，特别是毕节市探索出的生态环境违法犯罪人"补植复绿"减罚模式非常有特点，通过"生态林损失补偿"机制的建立，对毁林毁坏生态环境的犯罪行为，引导行为人自愿按亩缴纳生态损失补偿金，也可以造林补偿，经验收合格减轻受处罚等形式，提高了行为人森林保护的法律意识，也教育了社会基层群众。加强生态法治建设，为毕节地方的健康、持续、快速发展，为贫困人口脱贫提供了法治保障。

第三，走出一条联合各民主党派、全国工商联和社会力量共同参与扶贫的成功路径。一是多党合作进行智力支边扶贫。从提出建立毕节试验区的构想开始，各民主党派中央和全国工商联就参与其中，自始至终提供着强大的智力支持。组建由各民主党派中央、全国工商联支持成立的专家顾问组"智囊团"，专家顾问组充分发挥决策咨询作用和自身智力密集、人才济济的优势，结合毕节试验区经济社会发展的实际需求，组织大批专家、学者围绕开发扶贫、生态建设、人口控制三大主题，对农业发展方向、产业结构调整、矿产资源开发、卫生事业和教育事业发展等课题深入调研并进行规划论证，理清试验区经济社会发展的思路，提出建设性的意见和建议，各党派的积极参与和智力贡献，极大地激发了毕节人民参与脱贫的积极性，极大地提高了毕节人民脱贫的能力，这成为推动整个毕节地区人民脱贫致富的强大动力。正是有了如此众多专家学者的无私帮助和悉心指导，才使得毕节在发展道路上没有出现战略决策上的失误，少走了很多弯路，保证了地区的协调发展、健康发展。在扶贫的过程中，形成了点对点的定点帮扶，如各民主党派对口联系一个县，实现一对一帮扶。各民主党派通过对毕节师资、医务人员、管理人员和实用技术人员进行培训，积极开展"希望工程"和捐资办学活动，开发"种、养、加"项目的科技扶贫等，为地区发展取得了较好的经济和社会效益。二是全社会力量共同参与，成为毕节试验区扶贫开发的重要特征和成功秘笈。社会力量的参与，有力促进了毕节试验区经济社会的大发展和扶贫工作的有效推进。如 2009 年的"同心工程"，2016 年的"千企帮千村"活动和建立宜帮宜扶项目库，毕节共引进 1242 个项目，完成 648.12 亿元的投资，培训各类人才超过 25 万人次，企业签约项目 351 个，签约金额达到 4122 亿元，通过"宜帮宜扶"项目，共引进 358 家市外企业对毕节 663 个贫困村进行定点帮扶，其中，包括恒大集团、金元集团、盘江集团等民营企业的大力扶持。①

第二节　塘约模式的脱贫实践及成功经验

塘约村的脱贫实践表明，其核心就是处理好农民和土地的关系，在坚持和完善农村基本经营制度、坚持农村土地集体所有、坚持家庭经营基础性地位、坚持稳定土地承包关系的基础上，引领小农经济转型升级，实现土地所有者、经营者和劳动者三者利益的和谐统一，激发农民内生动力，走新型合作化共同富裕的道路。塘约模式是新时期通过破解制度性约束解放农村、农民的内生发展动力，提高共享水平的脱贫成功典型案例。

一、脱贫的历史背景

塘约村位于贵州省安顺市，曾是国家二级贫困村，农业基础薄弱，农民增收乏力，农村社会管理落后。2013 年塘约村还是全省最贫困的村之一，当时的农民年人均纯收入只有 3000 多元，仅占全省平均水平的 70%，

① 王辉辉. 政企联合扶贫的毕节样本[J]. 决策探索，2017(12)：70-72.

有贫困户 138 户 600 人。全村 3300 多人口，劳动力 1400 多个，外出打工较多时达到 1100 多人，是个典型的"空壳村"。耕地撂荒、村民等靠要、各种乱象频发等问题突出。作为改革的样本，2014 年以来，塘约村在村党委的领导下通过土地制度改革，调动了全体村民的积极性，通过 3 年的艰苦努力，实现了华丽的转身。如今该村的农民年人均纯收入已突破万元，翻了近 3 倍，80% 的农户户均年收入 3 万元以上，贫困人口全部脱贫，50% 的村集体经济从不到 4 万元增加到 202.45 万元。短短的三年时间里，塘约村在坚持和完善土地集体所有制的基础上，走出了一条农村土地制度改革主导脱贫的"塘约道路"，被誉为"新时期的大寨"。塘约模式对于破解农村贫困人口脱贫问题具有典型意义和较强的代表性意义。

二、土地制度改革+基层党建+乡村治理的脱贫实践探索

(一)深化土地产权制度改革

2014 年 10 月，安顺市农委把塘约村定位为全市深化农村改革试点村，自此"拉开了农村产权制度改革的序幕"。通过产权制度改革，继续巩固土地集体所有制，保障农民都能公平地享有土地收益，同时，又提高了市场化水平，让土地资源活起来，增加农民的土地收益。通过统筹推进农村产权制度改革，提高市场化水平，让资源活起来；推进农业经营制度改革，提高产业化规模，让钱包鼓起来；推进村级治理制度改革，提高组织化程度，让力量聚起来。

第一，围绕权属明晰抓确权。2016 年春，塘约村成为贵州省农村产权"七权同确"第一村，走在全国前列。"七权"既包括土地承包经营权，又包括林权、集体土地所有权、集体建设用地使用权、房屋所有权、小型水利工程产权和农村集体财产权。在确权认定过程中，村里通过招标外请专业的公司用卫星测绘面积，上级有关部门配合，政府确权颁证，做到"七权"确权工作精准。对于农民占用集体资产的，由村干部、党员带动全村群众，采取交还或购买的方式处理，经过指界、退出、村民按手印三个程序

确认。这样既维护了农民个人的权益，又壮大了村级集体经济的实力，划清了集体和个人产权，促进公平有序地进行产权管理。"七权"的确权登记，建立了"地块档案"，给农村产权办上了"身份证"，解决了农村各类产权关系归属不明、面积不准、四至不清、登记不全、交易不畅等问题，稳定了土地承包关系，确保"三权"分置得以实施。

第二，围绕市场价值抓赋权。所谓赋权"就是赋予农民对集体资产股份占有、收益、有偿退出及抵押、担保、继承等权利，同时对确权后的各类产权进行评估，确定其价值，赋予权利证书持有人在产权期限内按照规定用途依法使用、经营、流转、作价入股或抵押担保权能，并出台相关配套措施给予保障"。① 2016 年，中共中央办公厅、国务院办公厅印发了《关于完善农村土地所有权承包权经营权分置办法的意见》，提出逐步建立规范高效的"三权"运行机制，不断健全归属清晰、权能完整、流转顺畅、保护严格的农村土地产权制度，为发展现代农业、增加农民收入、建设社会主义新农村提供坚实保障。按照国家的农村土地制度改革方针，塘约村在土地"确权"的基础上进一步促使土地所有权、承包权和经营权实现"三权"分置。这一改革保持了农村土地的集体所有权延续不变，农户个体实现了土地承包权和经营权分离，形成土地承包权、所有权及经营权并立分置的格局。这样既保留了农民的承包权，又放活了土地经营权，推动了土地经营权的流转，让贫困人口通过增加土地收益不断获得资产性收入，取得可持续的脱贫效果。

第三，围绕资产流动抓易权。塘约村通过建立和完善各类农村产权交易平台，顺利地使农村各类产权上市交易成为可能，确保了各类产权的保值增值，激活了农村现有的各种资源。一是成立土地流转股份合作中心。在中心农民可以将土地产权进行流转、入股、抵押以获得相应的收益。中心将流转的土地集中起来进行"合股联营、村社一体"的经营模式的探索，

---

① 胡丽华，方春英."三权"促"三变"　安顺精准脱贫的有益探索[N].贵州日报，2016-06-07.

通过"稻鱼共生、休闲观光、科技示范"的发展思路实现土地收益的增加。如塘约村采取了"合作社+基地+农户""党总支+公司+合作社+农户+市场"的发展模式，创新"金土地贷""房惠通"和"特惠贷"等信贷产品，鼓励村民用自己的土地经营权参社入股，合股联营，通过"互联网+农产品""合作社+物流"等营销模式开拓农产品销售市场，这极大地提高了农民的土地收益，成为农村脱贫致富的主要助力。二是成立土地股份合作社。在村党支部领导下，搭建农村产权交易平台，形成"村社一体、合股联营"的模式，将全村土地全部流转到合作社集中使用，重新把农民组织起来，推进农民由"分"到更高层次的"合"，发挥集体经济的制度优势，让贫困人口能够获得持续稳定的收益。塘约村通过对全村土地资源的统计，根据产量对每亩土地以 300~700 元分级估价、折算股份，实现户户入社、户户带股。在土地收益分配中，按照合作社、村集体、村民 3∶3∶4 的比例进行收益分成，由过去的"流转收入＝土地收入"变成了"股份分成+工资收入＝土地收入"。2016 年，村集体及合作社分红 121.47 万元，社员分红 80.98 万元，社员个人最高分红达 8960 元，最低也有 1840 元。① 解决了当前农村没有解决的土地流转"如何转"以及"转给谁"的关键性问题。

(二)构建复合型现代农业经营体系

习近平总书记在 2013 年的全国农村工作会议上就提出了构建复合型现代农业经营体系的问题。塘约村正是抓住了改革的契机，通过构建复合型现代农业经营体系，以农户家庭合作与联合经营为基础，加强社会化服务，发挥市场机制的作用，推动了当地的经济快速发展，让农民的钱包迅速鼓起来。

第一，建立统一经营为主的多层经营体制。多年的实践经验证明，只有大力推进农村生产力的发展，努力提高生产效率，才能彻底改变农业落后的根本面貌。农民收入也会随着农业现代化发展而大大增加，农民会大

---

① 省委政研室联合调研组."塘约经验"调研报告［N］.贵州日报，2017-05-18.

规模向非农转移，农村家庭经营方式也随之进行改变，逐渐构建起新型农业经营体系。这种农业经营体系不再以小规模分散经营为主，而是对传统农业经营方式进行创新，发展多种形式的农业适度规模经营。通过多层经营体制的建立以及适度规模经营，塘约村把原来占全村 30%的撂荒土地重新利用起来，实现土地资源的有效利用，避免资源浪费，增加农民土地收益，并且成立了专业公司如运输公司、劳务输出公司、建筑公司、农业生产和加工公司等，解决了大量的非农就业问题，实现了农民身份的转换。

第二，推进农村产业结构调整。我国贫困农村发展存在的一个普遍性问题就是长期以来农业生产方式传统、落后且相对单一，没有向现代的、开放的、多元化的方向发展，从而使得农村经济仍然较为落后，不能保证农民收入的不断增加，生活水平的不断提高。没有产业的带动，贫困人口就很难稳定脱贫致富。因此，产业结构的调整升级就成为当前贫困农村亟待解决的一个重大课题。塘约模式的成功就是因为在土地确权流转的基础上，及时推进现代化、多元化产业的发展，彻底打破农村的小农意识，改变生产方式，调整落后的经济结构以实现农村经济的快速发展。塘约村以经济作物种植业、牲畜养殖业作为重点产业，同时结合当地的实际特点，推动茶叶、水果等特色优势产业的多元化发展；大力引进农业龙头企业在当地建设农业产业园，解决了农产品的销售问题，并为当地农民提供大量的就业机会，加速了脱贫的进程。

(三)狠抓基层党建和乡村治理

塘约模式的一个突出特色就是注重对顶层设计的创新和改革。一是抓基层政权的建设；二是创建特色乡村民主管理。通过推进村级治理体系改革，提高组织化、管理化水平，让力量聚起来，能够做成大事。

第一，在基层政权建设方面，通过党支部管全村，村民管党员，夯实基层党建。一是实行"网格化"管理，这是塘约村在基层党建方面做出的一个实践创新。塘约村建立了党总支、党支部、党小组三级组织体系，党总支统管全部，四个党支部分工负责，11 个党小组负责具体工作的开展。党总支直接领导六大机构包括村委会、合作社、老年协会等，由党总支委员担任这六大机构的一把手。村合作社的理事长则由党总支副书记、村委会副主任担任，管土地流转、种植、销售工作。二是实施"积分制"和"驾照式"管理。赋予村民监督职责，对党员实施有效监督。把党员评价表发给每一位村民，由村民打分，交给村民议事会评议，对评分不合格的党员，党支部给予警告处分，有三次警告就劝其退党，吊销"驾照"。

第二，在乡村民主管理方面，通过强化综合治理，推进村民自治。创建特色乡村民主管理，其关键环节就在于发动村民积极参与乡村的治理及建立村民自治组织。农民实现对乡村的自治管理必须成立农村政权组织，该组织代表由村民通过选举产生，并代表全体村民实现对乡村的民主管理。实践证明，农村政权组织对于实现村民自主管理、推动农村稳定发展发挥了强有力的作用。塘约村主要通过"条约式"治村的新方式，来提升综合治理的效率。例如通过村民代表大会和村"两委"，研究制定了规范村民行为的"红九条"，实现村民自治。对村民不参加公共事业建设、贷款不守信用、不按规划乱建房屋、不孝敬父母、不奉养父母、不管教未成年子女等，都会被拉进黑名单，连带着该户都会被"拉黑"，在三个月内不享受国家任何优惠政策，村"两委"也不为该户村民办理任何相关手续。直到三个月考查合格后，才能恢复普通村民正常享有的权利。[1]

三、以土地产权制度改革为主导的脱贫模式的成功经验及借鉴

塘约村实现贫困人口脱贫致富的成功实践和经验，都来源于走出了一条新时期的扶贫脱贫之路，其最鲜明的可资借鉴的成功经验有三条：一是重视顶层设计，二是善于推动落实，三是激发内生动力。

第一，脱贫致富须与顶层设计相结合。2013年11月12日，中国共产党第十八届中央委员会第三次全体会议公报中最早提出"顶层设计"概念，

---

① 刘悦. 唤醒农村发展内生新动力——安顺市平坝区塘约村的脱贫致富路[J]. 当代贵州，2017(1)：20-21.

会上习近平总书记指出："加强顶层设计和摸着石头过河相结合，整体推进和重点突破相促进，提高改革决策科学性，广泛凝聚共识，形成改革合力。"①农村贫困人口脱贫任务相当艰巨，仅仅通过经济领域的改革或者单个层次的改革，是很难实现脱贫目标的，必须把经济改革同政治上层建筑的改革结合起来，进行全面的、整体的谋划，增强脱贫进程中各个要素之间的协同性、系统性和关联性，只有做到将生产关系和上层建筑中不适应的问题都解决了，才能最终解决脱贫问题。塘约村的脱贫致富之路，就是将以土地制度改革为核心的生产关系调整与以乡村治理为核心的上层建筑的完善结合起来，进行整体谋划，既包括经济体制和社会体制改革，又包括政治体制改革。所以，在短短的三年内塘约村就实现了从贫困村向小康村的转变。

第二，脱贫致富根本在于政策的推动落实。习近平总书记强调，正确的战略需要正确的战术来落实和执行。实现脱贫战略目标同样需要正确的脱贫战术来落实和执行，脱贫致富根本在于政策的推动落实，落实才能出成绩，执行才能见成效。在抓脱贫政策的落实问题上，找出阻碍政策落实的主要矛盾和问题，集中精力解决主要矛盾和问题，明确主攻方向，这样才不会走错路、走歪路。塘约村在具体的脱贫工作中，从实际出发，找准主攻方向，确权到户，把零散的土地集中起来，建立合作社，实行合股经营，调整产业结构，狠抓基层党建，创新乡村治理，目标明确，全面落实，脱贫才取得成效。

第三，脱贫致富关键在于激发内生动力。过去几十年的扶贫进程中，我国虽然强调要激发贫困村的内在发展动力，但是在具体的减贫实践中，仍然是以政府为主导，扶贫资金、技术、人才主要依赖外部的输入。例如以往扶贫存在一个普遍现象，即在扶贫项目的选择上、扶贫资金的使用上、扶贫政策的落实等关键问题上，民主发挥不够，普通村民没有发言权，这样他们就成为被动接受者，或成为沉默的大多数，既无积极性也无

---

① 十八大以来重要文献选编（上）［M］. 北京：中央文献出版社，2014：514.

主动性。这就导致贫困户自我发展能力差，等靠要思想严重，缺乏积极性和主动性，且贫困户力量高度分散，没有形成凝聚力，从而无法形成内生发展动力。2016 年，习近平总书记在考察宁夏乡村工作时就指出，脱贫攻坚是要靠实干真干的，首先要依靠的是凝聚广大人民共同致力于脱贫工作，只有通过全社会的合力，激发农民脱贫的内生动力，才能完成脱贫任务。习近平总书记的讲话指出了走出困境的办法。结合塘约村的成功经验，我们可以看到该村不仅仅通过土地制度改革、产业结构调整、加快科技发展等技术路线来实现脱贫，更为重要的是该村将改革的重点放在脱贫治理结构的改革上，如完善基层党支部、加强民主监督与管理等。一是将人员组织起来，也就是把单打独斗的农民重新团结起来，对农村社会内部力量进行重新整合，形成内生合力。发挥组织优势，将分散化、碎片化的农村重新再造为村社共同体，凝聚民心。将国家的扶贫资源和扶贫政策直接对接到村社共同体，从而更好地激发农民参与脱贫的积极性、主动性。二是在党的领导下，创新乡村民主管理，让普通村民、贫困户、乡村精英及村干部平等地处于共同利益体中。在村党支部和村干部的带领下，发挥村民的监督作用，形成群众与干部之间的相互信任、良性互动的局面，激发村民及贫困户参与建设，提升脱贫的积极性和主动性，从而形成一种推动生产发展的内生动力，实现贫困人口脱贫致富。

第三节　庆阳模式的脱贫实践及成功经验

庆阳地区的脱贫实践有着自身的典型特点，即通过金融扶贫来解决贫困地区资金短缺问题。庆阳地区通过"金融+脱贫"模式解决贫困人口的资金不足问题，走出了一条"金融+"脱贫的新路子，这同样是通过提高贫困人口共享水平来实现脱贫的典型案例。

一、脱贫的历史背景

庆阳市地处甘肃东部、陕甘宁三省交汇处，是六盘山连片特困区中贫困县区比较集中、贫困面广、贫困程度深的区域。庆阳市辖有7县1区、116个乡镇、1261个行政村，总人口265万，其中农业人口228.8万，占总人口的86.34%，地区经济基础薄弱，人员思想观念落后，扶贫任务艰巨。为尽快解决贫困问题，庆阳市积极探索和创新扶贫模式，通过破解贫困户发展产业资金短缺难题，提高财政扶贫资金使用效率，增强农户产业发展综合能力，最终实现贫困人口脱贫致富。

二、互助合作社+产业+小额信贷的脱贫实践探索

(一)成立村级扶贫互助合作社

农村扶贫互助合作社的成立解决了贫困户发展生产的资金短缺问题。互助社一般按照自愿加入、风险共担、利益共享原则，由村民自建、民主管理。庆阳市通过成立村级扶贫互助合作社来促进贫困户发展生产。村级扶贫互助合作社与传统信贷相比在满足贫困户发展生产的需求上具有较为明显的优势，扶贫互助合作社的程序更加简化，审批、管理、风险控制直接由扶贫互助合作社自主完成，不需要抵押和担保等手续，信用额度灵活，贷款农户还款压力小，在资金的使用上更加灵活、便捷。例如，庆阳市宁县湘乐镇的方寨村，早在2008年10月就注册成立了扶贫互助合作社(以下简称"互助社")，通过政府财政支持，互助社以社员入股的方式，开展各项扶贫工作。该社的社员可以通过入股的方式获得一定数额的资金贷款，对于缺乏资金的贫困户来说贷款就像取自家的存款一样方便，随借随还，支取非常灵便。方寨村互助社自营运以来，"到2013年已贷出款项2697笔，其中751笔用于养牛、养羊、养猪，1012笔用于种苹果，幼龄苹果树园套种低杆高效农经作物，350笔用于农畜产品贩运，110笔用于建沼气池，98笔用于购买享受国家补贴的农机具、家电、交通工具，220笔用于看病，156笔用于小康新农宅建设等，用一位社员的话说，就是每笔钱都用到了刀刃上"。[①] 再如，庆阳市宁县南义乡的刘寨村于2013年1月10

---

① 石颢.甘肃省庆阳市宁县：扶贫互助社托起农民小康梦[N].甘肃日报，2013-05-23.

日挂牌成立扶贫资金互助社，该社由帮联该村的市人大常委会组织成立，首批投入资金 40 万元，其中市人大筹集 12 万元，庆阳兴盛建筑安装工程有限公司总经理李昕军等 7 位省、市人大代表共同捐助 28 万元，互助资金主要用于扶持种植、养殖、加工等致富项目。宁县把扶贫互助资金作为解决农户发展生产资金投入不足、扶贫项目覆盖率不高等难题的有力抓手，创新机制，简化办理手续，贫困户向互助社提出借款申请，三日内款项就能打到户主的银行卡上，使群众方便快捷地取得发展项目的所需资金，全面解决了贫困户发展致富项目有思路无资金的困难。

（二）构建"政府+金融+企业+农户"的产业发展模式

农村贫困人口脱贫的主要途径是发展产业，但贫困人口发展产业的最大瓶颈是启动资金的缺失。由于贫困人口基本生活困难，无法利用抵押担保获得传统的信用借贷，因此，很多贫困人口失去了发展产业实现脱贫致富的机会。如何破解这一难题？庆阳市政府通过与国家开发银行甘肃省分行合作开展金融支持产业扶贫，将财政资金和信贷资金有机地结合起来，采取"政府+金融+企业+农户"的运作模式，即政府利用市场规律，激活财政资金的撬动作用，推动金融机构信贷资金流向贫困的农村地区，带动农村产业的多元化发展，也就是"财政资金撬动、金融保障推动、产业发展带动、政府责任联动"的金融扶贫新路子。具体实施流程为：以政府财政资金为担保，按 1∶10 的比例由庆阳市经济发展投资有限公司向国开行担保贷款，年利率以双方约定为准，一般在 7.2%左右；贷款资金由区扶贫办负责向村里成立的扶贫互助协会拨付、回收，村扶贫互助协会与所属乡（镇）政府负责向农户贷出、回收；农户贷款期限一般为 2 年，单笔贷款金额上、下限为 2000~20000 元；贷款年利率为 9.6%；群众贷款年利率减去国开行贷款利率 7.2%，剩余 2.4%相当于群众年 9.6%贷款利息总额的 25%，留作村扶贫互助协会工作人员误工补助和办公经费；贷款实行以小组联保为主要形式的信誉担保，15000 元以下由 3 户组成的小组联保，15000~20000 元由 5 户组成的小组联保；每户只允许 1 人参加村扶贫互助协会，每户仅限担保 1 笔贷款，不得重复担保。① 这既解决了金融机构不敢发放贷款的担忧，又解决了贫困人口承担较高利息成本的难题。庆阳市贫困农户在政府和市场的引导下，贷款重点用于发展优质林果、营养蔬菜、规模养殖等特色优势增收产业。例如，创办了"中盛农牧"养殖加工企业，创立"庆阳苹果"名优果品品牌，探索"天富亿"多元产业融合发展模式等，实现养殖业、种植业规模化发展，带动农民专业合作社、农产品加工销售企业、家庭农场的迅速发展。庆阳市通过金融支持扶贫产业发展，改变了当地村民的贫困现状。

(三)发展小额信贷

小额信贷既是一种金融模式的创新，又是一种重要的扶贫方式。庆阳市正是以发展小额信贷为着力点，推动农村信用体系的建设和完善，为贫困人口脱贫提供助力。一是发挥农村信用社作用。庆阳市根据实际情况和脱贫致富的需要，组织全市农村信用社为贫困户提供免抵押、免担保、低利率的扶贫小额信贷，财政给予贴息政策；通过对农户信用评级，推动从主要看资产向主要看信用转变，对贫困户实施信用"星级评定"并建设农户信用档案，根据评定的等级对应发放贷款，各乡镇(街道)成立贫困户评级授信工作组，由农商行乡镇支行、乡镇(街道)扶贫办、驻村帮扶工作队、村级扶贫户信用评议小组负责贫困户评级授信工作，县扶贫办成立督查组，负责对贫困户评级授信工作进行指导和督导检查。2012 年末，农户信用评级工作遍及全市 116 个乡(镇)的 1315 个行政村，信用村镇创建率达到 100%，2014—2016 年的三年里农户小额信用贷款达 79.32 亿元，为农户脱贫致富提供了有力的信贷支持，这既解决了金融机构与农户之间信息不对称的问题，又解决了农户农业生产资金的短缺问题。庆阳市并鼓励民间资本进入金融体系，如通过参股农村信用合作社和村镇银行等形式，有

---

① 许尔忠，齐欣. 金融支持产业扶贫"庆阳模式"研究[J]. 西北民族大学学报，2015(4)：109-115.

力支持了农村贫困人口的脱贫工作。二是创办小额信贷公司。小额信贷公司是一种新兴的金融服务业态，能解决贫困户创业融资难的问题，是促进农村经济发展、服务扶贫工作的重要手段。自 2008 年 5 月中国人民银行和银监会下发文件，放开了全国范围的小额贷款公司试点工作以后，小额贷款公司便在全国范围内蓬勃发展起来。庆阳市在 2008 年成立了全市第一家小贷公司，到 2014 年 6 月底经批准开业的小贷公司有 45 家、注册资本 21.76 亿元，贷款达 20.47 亿元，资金运用率达 94.1%，基本满负荷运营，① 并不断创新信贷产品，如甘肃省小额贷款公司根据自身特点和县域经济社会发展的需要，设计了多种信贷产品，有为满足农业龙头企业资金需求的"帮农贷"，有为满足创业人士需求的"创业贷"，有为满足中小企业短期资金需求的"帮小贷"，有为满足社会弱势群体赖以谋生的小生意、小产业需求的"帮扶贷"等。小额信贷公司的贷款手续简便，门槛较低，担保方式灵活，放款速度较快，适用人群更广，尤其为农村贫困户提供了获得资金的新渠道，这不仅能够为贫困户进行金融"输血"，而且还能增强他们自身的"造血"能力。三是开展小额贷款保证保险试点工作。小额贷款保证保险，是指对符合条件的各类小型和微型企业、家庭农场、农民合作社、农村种养大户(以下简称小微企业)，其生产经营活动中无抵押或担保的贷款，由小微企业向保险公司投保以银行为被保险人和受益人的贷款保证保险，银行以此保险作为主要担保方式向小微企业发放流动资金贷款，在小微企业未按借款合同约定履行还贷义务并在等待期结束后，由保险公司按照保险合同约定承担银行贷款损失赔偿责任的保险业务。2015 年，庆阳市建立了"政府+银行+保险公司"的合作机制，政府为农户小额贷款提供 1000 万元风险保证金，人保财险公司为农户小额贷款提供专属保险服务，贷款损失由政府、保险公司、银行按照不同比例共担风险，有效解决了农户小额信用贷款额度提高以后的风险控制问题，为农户小额信用贷款发放

---

① 张海应. 小贷公司可持续发展模式探讨与路径选择[J]. 甘肃金融，2015(1)：42-45.

创造了更为有利的条件。①

三、"金融+"脱贫模式的成功经验及借鉴

金融扶贫能满足贫困人口发展生产的资金需要，对于促进贫困地区经济社会发展和加快脱贫的进程具有重要的现实意义。庆阳市以金融支持扶贫为着力点，在贫困人口脱贫进程中不断创新金融扶贫模式和扶贫机制，通过金融+产业发展的模式，完善金融服务产业发展的相关体系，加快贫困农村产业结构升级换代，从过去的单纯以财政金融资金输送转变为增强当地自我发展能力的"造血"模式，这极大地增强了当地农村开展生产经营的动力和能力，探索出又一条脱贫新模式。

第一，构建农村合作金融组织体系。通过庆阳市的扶贫实践成效来看，在农村构建合理的金融组织体系显得异常重要。一般来讲在农村形成包括中央、地方、基层三级金融管理体系是解决贫困户脱贫致富问题的重要途径，在三级金融管理体系中，政府始终担任宏观调控和管理的重要角色，积极化解风险，保证银行的资金安全，以确保合作金融的可持续发展，并根据贫困地区农村经济发展水平、农村金融机构运行状况以及贫困户贫困状况来合理使用和分配扶贫资金，提高资金利用的效率以起到精准扶贫的作用和效果。基层农村合作金融组织依托农业合作社发展信用合作，实行独立核算并接受上一级金融机构的引导和监管。这种新型的农村合作金融组织体系能够不断提升对贫困主体的金融服务，持续增加金融服务供给，不遗余力地支持产业扶贫，最大限度地发挥了金融扶贫的"造血"功能。

第二，推进农村信用体系建设。庆阳市通过深化农村信用社的改革，成立农村资金互助合作社，不断完善农村信用体系。一方面，提高了农户信用意识，解决了农村信用信息不对称问题。在资金管理上由农村资金互

---

① 吴蔚蓝，谭文洁. 对金融支持庆阳老区扶贫攻坚的调查和思考[J]. 甘肃金融，2016(9)：56-58.

助合作社入股社员进行相互监督约束，同时基于地缘、人缘、血缘关系及邻里间信息对称，形成了动态的信用评级机制，入社会员信用等级均通过社员进行评定，确定授信额度，并在贷前、贷中、贷后根据贷款人的实际情况进行信用等级的动态变更，这就促使社员重视自己的信用状况，杜绝有损自身信用的行为，不断提高信用等级，有助于改善农村的信用环境和降低扶贫资金的使用风险。另一方面，其对于增加金融机构向贫困农村信贷投入、促进贫困地区农村经济社会发展起到了巨大的推动作用。农村资金互助合作社的良性发展不断提高了农户参与的积极性，转变农村私人借贷、非法集资乱象，促进农村借贷朝着正规化发展，同时还有效维护了农村金融和社会的稳定。

第三，创新金融扶贫体制机制。一是完善政府及相关职能部门的协调联动机制。各级金融办在政府的相应指导下，与地方政府部门加强沟通协调，针对贫困地区农村经济社会发展存在的问题给出相关的参考意见，制定能够促进农村发展的专项财政金融政策；国家相关的金融机构则依据贫困农村经济水平以及金融发展的特点，加强监管控制，创造良好的金融运行环境。二是完善村级扶贫互助合作社与金融机构的资金对接机制。银行可以将信贷批发给村级扶贫互助合作社，由后者再将资金借贷给贫困户，这样既可以充分发挥银行资金充足的优势和村级扶贫互助合作社贴近贫困户的信息与监督的管理优势，破解村级扶贫互助合作社资金不足和银行等正规金融机构面对分散贫困户时产生的信息不对称、交易成本高和人员不足等制约各自发展的问题。通过银行建立规范化的管理机制，有助于解决具有民间性质的村级扶贫互助合作社的监管问题，促进其可持续发展。三是完善农村金融保险机制。一方面建立存款保险制度，增强农村各种资金互助组织的风险抵抗能力，稳定互助组织农户的信心；另一方面加强与保险公司的合作，合理保障运行资金的安全性。

第六章 共享发展理念下农村贫困人口
脱贫的成功探索

实现脱贫目标不仅要认清贫困人口致贫原因，借鉴已有的成功经验，更为重要的是提出解决问题的具体对策。通过实践检验，结合我国 2020 年全面实现脱贫目标的成功经验，我们认为坚持共享发展理念，破解四大制约因素，在新的理念指导下探索脱贫路径才是顺利完成脱贫目标的根本保证。

第一节　破解主体性制约因素

由于我国贫困呈现出程度深而复杂现象，针对扶贫脱贫出现的新情况、新特征、新问题，在整个反贫困系统中，我们仅仅依靠政府力量很难实现快速脱贫，走上共享发展之路。政府以外的各种扶贫主体有着政府不可比拟的长处，其可以将资源配置在更有效率的地方，使扶贫脱贫工作更有精准性，能充分利用一切可以使用的资源，降低扶贫脱贫的时间成本，使我国脱贫工作更加有效率。可见，以共享发展理念为指导，重建扶贫主体结构，拓展包括政府、市场、社会、社区等多元化扶贫主体是脱贫工作取得成功的重要途径。

一、重建扶贫主体结构，拓展多元化扶贫主体

扶贫主体多元化是当前实现脱贫的重要途径，既要发挥政府扶贫的主导作用，解决扶不准和效率低的问题，又要鼓励多方参与，形成合力，共

同作用于脱贫攻坚工作。

(一)政府扶贫的角色新定位

扶贫脱贫工作需要一个强有力的主导力量，长期实践证明，政府可以充当这个重要的角色，是多元化扶贫主体中最重要的、不可或缺的扶贫主体，虽然存在瞄不准、扶不精、管不好等问题，但不可否认政府在扶贫工作中的重要地位和作用。在我国扶贫进入到"精准"阶段里，最重要的是政府扶贫角色的重新定位，政府过去更多专注于扶贫工作的具体细节，比如制定专门的扶贫政策、引导社会关心扶贫事业、全面监管扶贫工作以及对扶贫效果进行全面考核等。当前为了适应精准扶贫脱贫的要求，政府必须转变角色，从事无巨细的工作中脱离出来，在识别、帮扶、管理贫困人口方面提高精准度，重点在实现"精准"上下功夫，如此才能既保障精准扶贫的政策效果，又符合建设服务型政府的总体要求。

第一，政府在识别扶贫对象上提高"精准"度，解决"扶持谁"的问题。精准扶贫、精准脱贫，精确瞄准是首要、是基础问题，要识别出真正的贫困人口，弄清楚他们是如何落入贫困的境地以及为什么没有脱贫，这样才能具体问题具体分析，做到有的放矢、心中有数。一是制定贫困标准识别指标体系。贫困对象认定要以国家贫困线为标准，不同的地区应当根据当地的社会发展水平及财政实力，来动态确定扶贫基准线，制定扶贫对象认定的指标体系。在实践过程中，可以制定一些定性的指标来反映真实的贫困情况。指标体系中应包括家庭收支、家庭中的壮劳动力情况、家庭成员受教育情况、家庭中的老人和小孩数量、家庭中残疾人员或患重病情况、财产状况、生活环境等方面。应对指标体系内容进行细化、量化，根据贫困户的实际情况进行评分，找到正确的扶贫对象。二是公示和审核扶贫对象信息。对初步识别出的扶贫对象名单，由村委会和驻村工作队核实后进行第一次公示，公示内容应包括详细的贫困户名单、贫困原因、能得到的帮扶资源等，让全体农户都知晓精准识别结果和详情，经公示无异议后报乡镇人民政府审核，对有异议的名单及时予以核实、更正。三是贫困户建档立卡并上网。将通过申请评议、公示公告、抽检核查、信息录入等步骤有效识别出来的贫困户建档立卡并录入网络平台，特别是对致贫原因、返贫因素要进行准确记载、详细分析，并随时更新贫困信息录入及管理工作。

第二，政府在帮扶政策上提高"精准"度，解决"怎么扶"的问题。提高帮扶政策的"精准"度，是提升精准扶贫脱贫绩效的关键。一是项目安排要精准。要具体分析每一个贫困户不能脱贫的具体原因，根据贫困户实际情况进行专项扶持，起到帮扶实效，让贫困户真实地感受到更多的存在感和获得感。根据全国建档立卡数据分析，"疾病、缺资金、缺技术、缺劳力是贫困户主要的致贫原因，42.1%的贫困农户因病致贫，35.5%的贫困农户因缺资金致贫，22.4%的贫困农户因缺技术致贫，16.8%的贫困农户因缺劳力致贫"。① 由于致贫原因复杂且有差异性，所以扶贫项目必须因时、因地、因人而制定，切忌"一刀切"。二是资金使用要精准。以往的各类扶贫资金在使用上如同"撒胡椒面"、大水"漫灌"，导致真正需要项目资金的贫困户得不到相关的支持，资金反而被安排到了对脱贫工作无效的项目上，不能真正充分发挥扶贫资金的有效性。因此，必须彻底扭转对扶贫资金粗放式的管理方式，提升资金使用效益，确保资金使用的精准度，当然这就需要当地政府针对具体问题具体分析每一个贫困户的家庭实际情况，并因人确定项目和分配资金。三是措施到户要精准。以往的扶贫经验表明，要保证扶贫取得成效，仅依靠扶持项目和扶持资金是不够的，重点是保证贫困户的脱贫效率，必须制定精准的帮扶措施，做到一个贫困户建立一本相应的台账，一个贫困户制订一个脱贫计划，一个贫困户实施一套帮扶措施。如通过实施脱贫工程，比如发展生产脱贫、易地搬迁脱贫、生态补偿脱贫、发展教育脱贫的具体脱贫工程，针对贫困户的实际情况对号入座，帮助他们尽快脱贫。四是选人用人要精准。由于贫困村留守的妇女儿

---

① 汪三贵，刘未."六个精准"是精准扶贫的本质要求——习近平精准扶贫系列论述探析[J].毛泽东邓小平理论研究，2016(1)：40-43，93.

童老人较多，导致村干部不仅年龄偏大而且综合素质普遍较低，这对于农村扶贫脱贫工作的有序推进非常不利，因此，需要上级政府通过选派第一书记和驻村工作队来提高贫困村治理贫困的水平。但是，选派扶贫干部时必须结合贫困村的民情社情、致贫原因、主导产业等因素，有针对性地做好干部选派，并在"选、派、配、管、用"等重要环节上下功夫，确保第一书记和驻村工作队能沉下去、待得住、干得好，夯实精准扶贫干部队伍力量。

第三，政府在扶贫管理上提高"精准"度，保持精准扶贫脱贫的有效性。一是做到农户信息的动态管理，及时更新扶贫对象的基本资料和动态情况。开展精准扶贫最重要的工作就是要摸准贫困户的家庭情况及贫困原因，并对他们实施动态跟踪管理。在精准识别、精准施策的基础上，对贫困人口实施更为规范的管理，这些直接决定着扶贫的成效。因为，贫困是动态的，贫困人口信息始终处于变化之中，扶贫对象的思想、工作状态随时都会发生变化，因此要随时更新扶贫对象的相关信息及进行动态监管。如果不能及时更新信息，精准扶贫脱贫也就无从谈起，效果也会大打折扣，因此，建立扶贫对象的动态信息管理系统是最基础和最重要的一项工作。二是做到扶贫资金的科学管理。要想提升扶贫资金的使用效率，必须建章立制，加强制度管理，保证财政专项扶贫资金在阳光下运行，严防资金"跑冒渗漏"，可考虑引入第三方监管，严格扶贫资金管理，确保扶贫资金用准用足。三是做到明确划分事权责任。从中央扶贫工作的明确分工来看，中央政府负责区域发展和片区开发，精准扶贫则由县一级负责，在各级划分清楚自身事权的基础上，各部门要加强统筹协调管理，确保完成扶贫脱贫任务。

第四，政府在扶贫考核上提高"精准"度，避免精准扶贫脱贫流于形式。精准考核主要是针对地方政府进行扶贫效果的考核，其目的就是避免过去粗放式扶贫中存在的弄虚作假、"数字脱贫"和"被脱贫"等问题的发生，督促贫困地区的地方政府将精准扶贫作为工作的重点。一是做到考核责任明确、奖惩分明。2016 年 2 月，中共中央、国务院办公厅印发《省级党委和政府扶贫开发工作成效考核办法》，提出四项考核内容，列出六方面考核问题。《办法》提出，对于完成年度计划减贫目标的且成效显著的省份将给予一定奖励，对在扶贫中出现问题的党委和政府的主要负责人将会采取约谈整改的形式进行处理，对于造成恶劣影响的将会被追责。考核结果将作为省级党委、政府主要负责人和领导班子进行综合考核评价的重要依据。二是做到考核的精细化、反馈性。建立量化指标，要将精准扶贫脱贫的各种成本具体量化，对各项量化指标进行科学评估，扭转过去扶贫工作考核形式化问题，将评价结果进行系统分析并总结过去的经验和教训，做得不完善的地方要加以具体改正，特别是要将过去工作不够精准的问题彻底扭转过来。三是做到考核的系统化、整体性。精准扶贫脱贫是一个复杂的系统工程，由多项环节构成，对每一个环节都要做到有效监控，否则难以达到精准扶贫脱贫的效果。四是做到强化考核结果的运用，将考核结果作为扶贫资金分配、加强县（市区）领导班子建设和领导干部选拔任用的重要依据。强化考核结果与干部管理问责挂钩，对扶贫开发重视不够、作风不扎实、完不成阶段性任务的责任人进行组织调整和问责，并严肃处理弄虚作假、挤占挪用、虚报冒领、截留骗取和贪污扶贫款项等违纪违规问题，追究相关责任人的责任。

（二）企业扶贫的角色新定位

企业组织作为市场主体，担负着减贫的社会责任。在我国有相当数量的优秀的央企、国企、民企，它们都是精准扶贫脱贫进程中的主力军，并投入了大量的人力、财力、物力，特别是它们在扶贫脱贫过程中显示出来的资金、技术、人才等方面的巨大优势，大大推动了扶贫脱贫的进度，取得了显著的效果。在党和政府的领导下继续发挥它们的自身优势，调动企业参与扶贫脱贫的工作积极性，对于继续深入推动扶贫脱贫工作的开展，提升贫困人口的幸福指数，使他们共享社会改革发展成果具有重要的意义。同时，企业也要适应精准扶贫脱贫的新要求，结合企业的自身特点找到帮扶对象以实施精准扶贫，提升扶贫脱贫效果。因此，企业组织参与扶贫的角色也要重新定位，以继续发挥企业参与扶贫开发事业的重要作用。

第一，继续推进企业定点扶贫工作。定点扶贫是我国扶贫工作的一项特色扶贫方式，已经开展了30余年，效果非常显著。企业在定点扶贫工作中起到了巨大的作用，担负了重要的角色，是扶贫攻坚的重要力量。在定点扶贫中，企业参与定点扶贫涉及的范围非常广泛，形式多样，可以根据扶贫对象的实际情况采取不同的帮扶形式，比如教育扶贫、产业扶贫、金融扶贫、电商扶贫、生态扶贫等，坚持以"定目标、定方位、定措施、定机制、定效果"为基本原则，以"六个精准"为基本要求，扎实推进定点扶贫各项工作。

第二，扩大企业扶贫领域。企业定点扶贫虽然覆盖了10个领域，但传统的教育文化、基础设施扶贫领域仍为最集中的领域。电商扶贫中互联网民营企业参与较多，根据媒体报道，"国内知名电商如阿里巴巴、京东、苏宁等纷纷在农村布局，阿里巴巴计划在三至五年内投资100亿元，建立1000个县级服务中心和10万个村级服务站，京东集团与国务院扶贫办也签署了电商精准扶贫协议"，① 但是，以国有企业为主的电商扶贫企业较少，生态扶贫领域企业也很少。因此，在未来扶贫进程中，定点扶贫企业在扶贫领域可作更多的探索。

第三，加强与NGO合作开展定点扶贫。在中国农村扶贫进程中，NGO（非政府组织）的贡献是显著的。从事农村扶贫事业的类型很多，有官办型的，如中纺协、中国红十字会、中华慈善总会等；有一定官方背景的，如中国青基会、中国扶贫基金会、中国扶贫开发协会、中国儿基会等；有民间个人发起创建的，如四川的仪陇县乡村发展协会、大巴山生态与贫困问题研究会等。NGO在农村扶贫方面有着自身的优势，我国企业可以加强与它们的合作，共同作用于扶贫事业。一是开展项目合作。多年来，NGO通过自主创新，创办了多个扶贫品牌项目，如"希望工程""贫困农户自立工程""母婴平安120行动""幸福工程""春蕾计划"等。它们有一套成熟的设

---

① 李晶玲，张双英，谢瑞芬. 电商扶贫调查［J］. 中国金融，2015(22)：88-89.

计、方法和思路，我国企业可以与 NGO 合作以创立更多的扶贫品牌项目，让精准扶贫脱贫更富有成效，更多地服务于贫困人口。二是形成筹资渠道优势互补机制。NGO 的资金来源有其自身的优势，既能够从政府部门获得扶贫资金的资助，又能够从其他国家如国际性的扶贫组织、国外政府等获得扶贫资金的帮助，以及来自不同阶层的个人和不同性质的企业的资金捐助，体现了 NGO 资金来源的多样化，拥有其他扶贫主体无法比拟的优势。我国参与扶贫的企业自身具有相当雄厚的经济实力，再结合 NGO 的优势，两者可以形成强强联合，更好地作用于扶贫事业。三是加强实际调研工作的合作。NGO 可以平等的身份开展工作，这种先天的优势使得其工作人员更容易与贫困户建立良性关系，深入理解贫困户的贫困状况，获取一手资料，还可以通过召集村民开座谈会，了解贫困户的真正需要。我国企业可以联合 NGO 开展实际调研，节约时间、成本，更快地获得第一手数据资料，更加精准地施策，提高扶贫效率。

(三)社区扶贫的角色新定位

社区扶贫就是以贫困村村委会或村小组为单位，社区贫困人口和贫困家庭为对象，通过社区组织将物资、资金、技术、信息等稀缺资源公平分配给社区贫困成员，并按照党和国家精准扶贫的政策要求，精准使用扶贫资源，发展社区经济，实现脱贫致富的目标。社区扶贫主要依靠的是农村社区组织，农村社区组织可以看做村委会、村民小组及其背后作为集体土地所有者的社区合作经济组织的泛指。① 农村的社区组织既是精准扶贫的主体，又是各扶贫主体联系扶贫对象的桥梁，是国家推行精准扶贫脱贫工作的基础和核心。社区作为主体参与扶贫，解决了精准扶贫与长期以来的开发式扶贫之间的突出矛盾，即开发式扶贫要求帮扶对象具有一定的自我发展能力。因此，社区扶贫有利于促进贫困人口提升脱贫的能力，是我国扶贫工作的一种创新方式，也是非常重要的扶贫主体。

---

① 罗兴佐. 农村社区组织的功能与建设[J]. 长白学刊，2014(5)：63-67.

第一，供给公共物品。农村社区公共物品是指在村级地域范围内私人不愿提供的、具有排他性、非竞争性的社会产品。对于贫困农村而言，无论是公共物品供给的水平还是供给的质量都大大落后于非贫困农村，反映出贫困农村的生产、生活环境与非贫困农村有着不小的差距。因此，提高农村公共物品供给水平和供给质量，提高供给效率，有助于改善贫困农村生产、生活环境，提高共享经济社会发展成果的水平。公共物品供给需要一系列的机制发挥作用，一是建立公共品需求表达机制。在农村社区，公共品的供给主要依靠社区和村社居民，村社居民最了解自己对公共品的需求，可借助村民代表会议制度和"一事一议"制度，形成公共品需求表达常态化机制，及时将公共品的需求传达给村委、乡政府，形成比较集中、明确的意见，提高公共品供给的效率。二是建立资金筹集机制。在贫困农村社区集体经济实力有限的情况下，即使村社范围内的农户可以准确表达出其对公共品需求的偏好，但是因为缺乏资金而无法提供。在这种情况下，可以通过构建政府、社区集体、村民和社区精英共同筹资的机制，通过向社区成员征收公积金、公益金和管理费、承包费及村办企业上缴利润等获得村财政收入，贫困户可适当减免；鼓励社区内经济大户、村外精英的资金捐助，形成榜样作用激发村民的积极性，提高资金筹集效率。三是建立公共品管护机制。发挥农村社区居民的积极作用，在公共品的管理和后期的维护中真正让村民参与其中，并能够针对公共物品的使用提出意见和建议，尤其是要提高农村地区贫困人口和女性的参与程度，通过他们的参与及时反映其对公共物品的需求，这样既能够促进贫困人口注重对自我的管理以实现自身发展能力的提高，还能够最大限度地提升贫困农村公共物品的供给水平，促进贫困人口的共享水平。

第二，促进社区产业发展。一是自主选择产业项目。选择发展产业项目是促进社区产业发展的头等大事，只有产业选对了才能最大限度地促进社区经济的发展。在过去传统的扶贫方式里，贫困村选择什么样的扶贫产业或项目都是由政府、上级领导、村干部或企业组织决定，贫困农村发展所需要的资源也被外部掌控，导致发展的产业项目与贫困农村实际情况和市场经济需求相偏离。只有让农村社区发挥自主选择扶贫产业或项目的作用，自己掌握发展所需要的各种资源，才能更好地激发村民扶贫脱贫的积极性、主动性，使得产业、项目或资源的供给更有效率。二是将贫困户绑在产业链上。在过去传统的扶贫方式里，贫困户虽然能在产业发展上获得一定的收益，但往往是被动收益，并没有真正参与到产业发展的整个过程中，贫困户成了旁观者。因此，社区产业发展必须激发贫困户的全程参与之心，让贫困户对社区产业发展拥有责任感，激发他们的主体性、主动性。

第三，整合村庄资源，壮大集体经济。一是整合村庄管理体制。农村集体经济的发展以及社区服务水平的提高，需要具有完备的村庄管理体制。要成立强有力的领导班子，领导班子必须能够带领村民脱贫致富。新领导班子成员可以在原有的村党支部领导班子里进行选拔，按照社区人口比例进行配比。二是整合原有债权债务。由于历史原因造成一些村庄债权债务问题严重，成为集体经济发展的包袱，因此必须采取措施化解历史债务，短期不能化解的债务可以根据相关的政策逐步化解。三是整合土地资源。在保持土地承包政策不变的基础上，提高土地使用效率，切实提高村民的土地收益。

二、推进智力扶贫，提升贫困人口脱贫能力

习近平总书记强调，扶贫先扶志，扶贫必扶智。脱贫靠志，致富靠智。精准扶贫脱贫，关键在人。扶心扶志，扶能扶智，才能治懒治愚，拔掉穷根。因此，脱贫攻坚，必须坚持"先扶志、必扶智"的战略支撑地位，"志智双扶"是打赢脱贫攻坚战的根本。扶志是以提高贫困地区人民群众基本文化素质为目的的，而扶智则是以提高劳动者技术技能为重点的，既增强脱贫的志气又增强脱贫的能力，只有这样才能实现真正意义上的脱贫。

(一)扶贫先扶志——弘扬新乡贤文化

扶贫不仅是物质上的帮扶，还要在思想和精神上进行帮扶，帮助贫困

群体建立起摆脱贫困的必胜信心和信念。这需要作为一种"软约束""软治理"的新乡贤文化来激发村民参与农村贫困治理的积极性，促使贫困群体发挥主观能动性，帮助他们树立摆脱贫困的坚定信念，采取一切办法脱离贫困，学技术、找门路，实现思想脱贫、精神脱贫、价值观念脱贫，用自己的双手摘掉"贫困帽"。乡贤文化根植于农村大地，具有反哺桑梓、教化乡民的价值功能，对满足贫困者"德、志、智、教"需求具有较好效应。文化之所以对扶贫有如此大的功效，是因为文化不仅决定个人的基本生活方式和认知方式，影响个人的情感和心理健康，还决定社会公共生活的道德法则和制度设计，也就是说，文化中的观念、信念、信仰和意识形态对社会系统的形塑作用巨大。①

第一，畅通乡贤回乡渠道。乡贤资源是乡村蕴藏的巨大宝藏，贫困农村的经济发展与贫困人口的脱贫离不开乡贤们的奉献。因此，必须建立一个畅通的渠道，呼唤乡贤回乡为贫困事业作贡献。一是建立乡贤人才信息库。通过多方联系，确定乡贤人才名单，建立信息库，加强与乡贤人才的日常联系，主动进行沟通、交流，增进乡贤们与乡村、乡土、乡民的情感，积极争取外出新乡贤对家乡的支持和反哺。二是建立乡贤研究会。以乡贤研究会为平台，主动收集和整理关于乡贤资源的资料，形成文字资料出版，并在乡村广泛传阅和学习，潜移默化地影响村民的思想和价值观念，改造贫困户"等靠要"的落后思想和价值观念，增强脱贫的主动性、积极性。三是搭建回乡平台。在镇党委的领导和推动下搭建乡贤回乡平台，为乡贤营造一个有保障的环境；设立乡贤参事会，制定规范的活动章程和制度；完善新乡贤选任、培训、管理考核办法，建立乡贤列席村"两委"会议和村民代表会议制度等，让新乡贤愿意留并留得住。

第二，发挥乡贤典型的示范引领作用。通过发掘乡贤典型事迹，宣传乡贤的先进事迹，弘扬乡贤的可贵精神，发扬乡贤的优秀品行，使乡贤真正成为当地经济发展、社会变革、文化创新、价值引领的带头人，使乡贤

---

① 谢治菊，李小勇. 认知科学与贫困治理[J]. 探索，2017(6)：127-135.

文化成为乡村民众崇敬向往的精神高地，以此重塑贫困农村的精神风貌。一是设立乡贤展示馆。将乡贤们爱国爱乡、敬业奉献、崇德向善、乐于助人的乡贤精神向世人展示。二是开设道德讲堂。道德讲堂的讲师团由乡贤组成，定期到各个贫困农村开展好人好事宣讲活动，号召村民群众自觉践行道德规范，弘扬正风正气。通过道德交流系列活动，密切干群关系，促进乡村和谐，增强乡村凝聚力，借以带动贫困群众脱贫致富。三是设立乡贤个人工作室。乡贤个人工作室的设立，可对传播中国传统文化，展示乡贤形象，号召广大群众学习乡贤、传承文明起到积极的推广作用。

第三，大力宣传弘扬新乡贤文化。新乡贤文化不仅拥有农村的忠孝仁义、血缘宗亲等传统文化内容，同时也体现现代精英群体的思想内涵。大多乡贤因拥有这种文化意识，使得他们能成为农村发展建设的中坚力量。因此，应大力弘扬新乡贤文化以更好地发挥乡贤在农村扶贫中的积极作用。一要开办新乡贤讲堂。定期邀请乡贤回乡，为村镇党员干部群众开展专题讲座，宣传现有的乡贤治理与建设成果，提升乡贤教化乡民、润泽乡风的能力水平。二要打造乡贤文化名片。如通过打造乡贤图书馆、文化展览馆、公园，开办新乡贤论坛、茶话会以及新乡贤评选活动等，让村民深刻了解乡贤治理与传统文化"德治"的内在联系，发挥乡贤文化对引领农村经济发展和贫困人口脱贫致富的重大意义，使乡贤文化的理念深入人心。

（二）扶贫必扶智——大力发展教育

对于农村贫困人口而言，即使政府给予其完全兜底的保障，收入越过国家贫困线之后，还是有很大的可能因为自身的脆弱和发展能力的欠缺，再次返回贫困之列。因此，只有如习近平总书记提出的扶贫必扶智，通过发展教育提高贫困人口的自我发展能力，阻断贫困代际传递，才能真正解决贫困问题。贫困群众只有增加知识和提高技能，才能提高脱贫致富的能力，才能从根本上摆脱贫困走向小康。实施教育脱贫战略，是新时期精准扶贫脱贫工作的着力点，是国家对当前发展形势的精准把握，也是对社会主义现代化建设的关键点的精确判断。从新中国成立至今，教育扶贫始终是我国扶贫开发伟大实践的重要组成部分之一。通过普及贫困地区九年义务教育、改善乡村教师生存和发展状况、加强贫困地区成人培训与扫盲和推动贫困地区职业教育等，我国教育扶贫事业取得了重要的成就。针对当前精准扶贫脱贫任务的艰巨性，我国进一步加大了教育扶贫的力度，教育部联合国家发改委、财政部、国务院扶贫开发领导小组办公室、人力资源和社会保障部、公安部、农业部于 2013 年 7 月 29 日发布了《关于实施教育扶贫工程的意见》。随后，教育部、国家发改委、财政部、国务院扶贫开发领导小组办公室等职能部门又单独或联合发布了一系列涉及学前教育、基础教育、职业教育、高等教育等不同领域的教育扶贫政策、文件、实施方案或支持计划等，下定决心阻断代际贫困的根源，彻底改变农村贫困地区知识水平落后、经济水平低下的现状。

第一，加强贫困地区师资队伍建设。提高贫困人口综合素质的关键是提高教育质量，而提高教育质量必须提高教师质量，培养一批进得来、干得好、稳得住的一专多能的优秀教师，这是当前教育扶贫的首要任务。一是精准补充贫困地区师资力量。建立面向社会公开选拔录用教师制度，通过严格的笔试和试讲相结合的选拔考试，应聘者经过短期试用合格后方可予以录用，招聘权下放给招聘学校。建立教师合理流动制度，通过约束激励机制，让优秀教师留得住、愿意留，让不能胜任工作岗位又无培养前途的教师自动流出。建立和完善教师扶贫支教和转任交流制度，吸引和鼓励大中城市骨干教师到贫困地区的薄弱学校支教，积极引导城镇超编教师向贫困山区流动，城镇中小学教师必须有贫困地区支教的经历才可聘为高级教师职务。二是精准培训贫困地区师资。继续推动教师培训计划、特岗计划、校长国培计划等向贫困地区基层倾斜。教师培训计划主要针对提高少数民族和贫困地区中小学教师教学质量水平为重点，通过师德教育、新理念培训、新课程通识培训，帮助教师树立先进的教育理念，提高教师运用现代教育技术的能力。特岗计划主要针对贫困地区农村教师队伍建设，促进义务教育均衡发展。特岗计划所需资金由中央和地方财政共同承担，以中央财政为主，中央财政设立专项资金，用于特设岗位教师的工资性支出，按人均每年 1.5 万元的标准，其他津贴补贴由各地根据当地同等条件公办教师收入水平和中央补助水平综合确定，以及高出工资的部分由地方政府承担。校长国培计划是教育部直接组织实施面向全国中小学校长的示范性培训项目，主要包括边远贫困地区农村校长助力工程、特殊教育学校校长能力提升工程、卓越校长领航工程、培训者专业能力提升工程。通过培训，进一步提高农村中小学校长解决办学重点难点问题的能力，为各地培养一批实施素质教育、推进农村教育改革发展的带头人。三是提高贫困地区农村教师待遇。政府应加大对农村教育的投入，提高农村教师的待遇。在工资、编制设计、评先评优、职称等方面应与城市教师享有平等的待遇和地位，还要解决他们的住房、医疗等方面的实际困难，为农村教师的工作和生活提供基本的物质保障，使教师能够心无旁骛地承担农村教育工作，确保农村教师队伍稳定。

第二，提高贫困地区教育领域的硬件建设水平。一是继续推进农村义务教育"薄改计划"和中西部农村初中校舍改造工程，改善贫困农村基本办学条件，满足贫困农村义务教育所需的教室、桌椅、图书、实验仪器、运动场等教学设施，满足学校宿舍、床位、厕所、食堂(伙房)、饮水等生活设施，满足留守儿童学习和寄宿的基本需要，基本消除县镇超大班额现象等。二是针对中小学教育，继续推进远程教育工程。建设卫星数据广播和互联网结合的资源服务系统，使安装了卫星资源接收设备或具备上网条件的农村学校都能够获得国家免费提供的优质教育资源，保证教育资源接收和下载的政治安全性，保证国家免费教育资源的使用范围与资源采购合同中规定的使用范围一致。三是针对农村边远山区交通不便地区中小学生上学难的问题，加快中小学布局调整工作，推进农村寄宿制学校建设工程等，满足贫困地区学生的就学需求和新增寄宿生的寄宿需求。

第三，发展多层次的教育。完善包括学前、小学、初中和高中教育阶段的基础教育，特别是针对学前教育薄弱环节，"利用中小学布局调整的富余资源及其他资源开展学前教育，建设普惠性幼儿园，形成县、乡、村学前教育网络"。① 发展职业教育，联合东部地区、城市创办具有特色的骨干示范性中职学校，以定点招生、定向培养方式，为贫困地区建设培养急需的实用人才；继续开展职业技能、创业、农村实用技术培训为主要内容的"雨露计划"，以及推进职业教育帮扶农村劳动力转移计划和实施职业教育帮扶农民工学历与能力提升计划。积极发展高等教育，通过对口支援、高等教育资源定向招生倾斜、高等学校定点扶贫行动，加快培养贫困地区急需的高级专门人才。重视发展特殊教育，提高财政补助标准，保证农村残疾儿童义务教育的权利。

第二节　破解制度性制约因素

制度是实现农村贫困人口脱贫的重要保障和有力支撑。在具体脱贫工作中，各级政府应将农村集体土地所有制改革、土地收益分配制度改革、村民自治制度的完善与脱贫相结合，夯实脱贫制度基础，切实增加贫困人口的各项权益，筑牢脱贫的制度之网。

一、深化农村集体土地制度改革，夯实脱贫制度基础

农村集体土地制度是我国宪法所规定的基本经济制度，具有有效解决农业现代化进程中"三农"问题的制度优势。在贫困人口脱贫的攻坚时期，更要坚持农村集体土地制度不动摇，才能为贫困人口脱贫、实现共享发展提供公平的价值导向和制度保障。实践证明，坚持农村集体土地制度能够适应各个时期的实践需要，特别是当前我国农业发展面临新挑战时期，为此，土地所有制关系也必须进行调整，其核心就在于坚持土地归集体所有的前提下，重构产权结构，积极探索新的流转形式。"三权"分置制度的构建和完善则为深化农村土地集体所有制、破解脱贫进程中制度性制约因素

---

① 辜胜阻，杨艺贤，李睿. 推进科教扶贫 增强脱贫内生动能[J]. 江淮论坛，2016(4)：2.

找到了发力点。

(一)完善承包地"三权"分置制度

农村土地"三权"分置,就是土地的所有权归集体,承包权归原农户,经营权归实际经营者。为了顺应农民保留土地承包权、流转土地经营权的意愿,国家将土地承包经营权分为承包权和经营权,实行所有权、承包权、经营权分置并行。"三权"分置是继家庭联产承包责任制后农村改革的又一重大制度创新。党的十九大报告强调,要完善农村承包地"三权"分置制度,第二轮土地承包到期后再延长三十年,并与优先发展农业农村、实施乡村振兴战略紧密结合。通过"三权"分置这一制度创新,推进农村土地集体所有制的不断完善,进一步推动农村经济发展,增加贫困人口的收入,为实现农村贫困人口脱贫提供制度保障。

第一,推进农村土地确权颁证工作。土地确权,就是明确界定所有农村耕地、山林、建设用地与宅基地的农户使用权或经营权,以及住宅的农户所有权。① 通过农村土地确权登记,把集体所有权固定下来,把农户承包权稳定下来,同时也放活了经营权,是实行"三权"分置的重要基础。2014 年 11 月,中办、国办刊发的《关于引导农村土地经营权有序流转发展农业适度规模经营的意见》明确提出:"用 5 年左右时间基本完成土地承包经营权确权登记颁证工作,妥善解决农户承包地块面积不准、四至不清等问题。"2015 年 2 月,农业部会同中央农办、财政部、国土资源部、国务院法制办、国家档案局联合下发了《关于认真做好农村土地承包经营权确权登记颁证工作的意见》,进一步把思想认识统一到中央决策部署上来,梳理出开展土地承包档案资料清查、开展土地承包经营权调查、完善土地承包合同、建立健全登记簿、颁发土地承包经营权证书、推进信息应用平台建设、建立健全档案管理制度七项重点任务。通过搞好土地确权颁证工

---

① 成都市国土资源档案馆. 改产权先行先试 保耕地确权颁证——四川省成都市集体土地确权颁证工作纪实[N]. 中国国土资源报,2012-05-25.

作，减少因地块、产权边界模糊带来的流转纠纷；土地流转有法可依、有证可依，减少部分基层政府以土地集体所有为由越权流转土地所带来的纠纷；把土地承包关系用法律的形式固定下来，实实在在给农民"确实权、颁铁证"，农民的合法权益得到保障，真正让农户吃上了"定心丸"，以此解决各村历史遗留问题。多权同确主要是对涉及农民和集体经济组织的承包地、宅基地、集体建设用地、农村房屋及森林、山岭、草原、荒地、滩涂等自然资源产权的确权颁证同步进行，统筹推进。①

一要明确集体资产所有权。所有权确权首要任务是明确农村集体土地所有权主体。集体土地产权应当包括农村建设用地，农村宅基地，农村耕地、林地和草地以及养殖水面等所有权。我国现行法律规定农村土地属农民集体所有，农村土地所有权的主体是乡、村、村民小组的农民集体，也就是"三级所有"，具体归哪一级，并没有明确。但是，根据《村民自治条例》的有关规定，村民自治组织即村民委员会负责农民集体所有土地的经营管理，以实现对集体土地的占有、使用、收益和处分。因此，其所有权最好颁给所有权的事实主体或者说是经营管理主体（村集体或村社区）所有，同时还要颁发建设用地的经营权证，用经营权证保障集体经济的相关收益。那么，农村集体土地的所有权确权依据是什么？这是所有权确权过程中要重点考虑的问题，根据中华人民共和国土地法律法规的相关规定，农村集体土地确权的依据为："①土地改革时分给农民并颁发土地所有证的土地。②按目前该村农民集体实际使用的本集体土地所有权界限确定所有权。③农民集体连续使用其他农民集体所有不满20年，或者虽满20年但在20年期满之前所有者曾向使用者或有关部门提出归还的，由县级以上人民政府根据具体情况确定土地所有权。④乡（镇）或村在集体所有的土地上修建并管理的道路、水利设施用地，分别属于乡（镇）或村农民集体所有。⑤签订过用地协议的（不含租借）；经县、乡（公社）、村（大队）批准

---

① 刘可.农村产权制度改革：理论思考与对策选择[J].经济体制改革，2014（4）：196-200.

或同意，并进行了适当的土地调整或者经过一定补偿的；通过购买房屋取得的；原集体企事业单位经批准变更的确定为该乡（镇）或村农民集体所有。⑥乡（镇）企业使用本乡（镇）、村集体所有的土地依照有关规定进行补偿和安置的，土地所有权转为乡（镇）农民集体所有；经依法批准的乡（镇）、村公共设施、公益事业使用的农民集体土地分别属于乡（镇）、村农民集体所有。⑦农民集体经依法批准以土地使用权作为联营条件与其他单位或个人举办联营企业的，或者农民集体经依法批准以集体所有的土地的使用权作价入股，举办外商投资企业和内联乡镇企业的，集体土地所有权不变。"①在确权过程中要严格按照承包地块、面积、合同、证书"四到户"的农地确权原则，厘清四至范围和面积，明晰土地权属，避免在今后市场上进行交易流转时出现不必要的纠纷。

二要明确农民土地承包经营权。承包经营权的主体为承包农地农用的农村土地的农户，农户将土地承包后就依法享有承包经营权利。土地的所有者、县级政府的农村土地主管部门和专业技术人员共同配合对土地的承包权进行确认，主要对该块土地的位置、界址（包括拐点、权属界线、界标）、权属性质、土地权利人或土地使用者及其身份进行认定，颁发农村土地承包经营权证明，并注册登记，向县级农村土地主管部门备案。其一，明确承包权是集体所有权与集体组织内部成员之间发包和承包的关系，在法律上，承包权是与集体所有权同等的一个财产权。其二，经营权是在承包权里派生出来的，土地的承包权确立了，土地最初的经营权也同时确立。在经营权确权的过程中要注意两种情况：一种情况是当承包农户自己经营农地时，承包权和经营权是同一主体，那么土地经营权的主体即为土地的承包方；另一种情况是如果承包农户把承包土地流转出去后，承包权主体与经营权主体便发生分离，此时，土地经营权的确认依据为双方签订的土地流转合同。

---

① 中华人民共和国土地法律法规全书 2015 版［M］. 北京：中国法制出版社，2015：174.

第二，推进农村土地经营权流转。"三权"分置改革中一个非常重要的目标是放活土地经营权，就是允许承包农户将土地经营权依法自愿配置给有经营意愿和经营能力的主体，发展多种形式的适度规模经营。因此，"三权"分置将土地承包权与经营权分离，既保留了农民的承包权，又放活了土地经营权，推动了土地经营权的流转，但是农村土地的承包关系及承包权没有改变。农村土地的经营权是农村土地的生产和经营权利，具有独占性、排他性、移转性、可分性等产权的一般性质。其中，移转性就是指土地的经营权可以依法在市场上自由流转，以更好地实现其价值。土地经营权是由多种权能构成的权利集，包括经营自主权、耕作权、流转权、收益权等，其中流转权包含转包权、租赁权、转让权、互换权、入股权等。① 土地经营权的流转，也就指在不改变农村土地基本用途的前提下，按照市场经济自愿、有偿、依法的原则，由拥有土地承包经营权的用户将土地的经营权转让给其他个人或经营组织的过程。② 流转方式是多种多样的，根据《农村土地承包法》《物权法》以及国家相关政策文件，我国现行土地承包经营权的流转方式主要包括转包、出租、转让、互换、入股、抵押等。"三权"分置后，将极大地促进土地经营权的流转，实现土地资源在更大范围内的优化配置，推动农业规模化发展，走上专业化的发展道路，提高土地产出率、劳动生产率、资源利用率，加快农村经济发展，进一步夯实脱贫的物质基础。

一要充分发挥政府的服务、监督和管理职能。农村土地经营权流转过程、利益关系较为复杂，需要政府部门的大力支持和引导。其一，政府部门应加大对土地流转的政策、法律法规的讲解和宣传力度。由于农村社会信息相对封闭，农民知识水平不高，对土地流转程序、相关法律法规了解不全面，接受信息的方式单一，这就需要政府承担起政策宣传、信息提供

---

① 金文成，孙昊. 农村土地承包经营权流转市场分析[J]. 农业经济问题，2010(11)：53-56.

② 刘若江. 马克思土地产权理论对我国农村土地流转的启示——以三权分离的视角[J]. 西北大学学报(哲学社会科学版)，2015(2)：140-145.

者的角色，通过大力宣传农地流转政策，让农户了解土地经营权流转的实质以提高农户的流转观念，消除农户关于流转就是"失地"的错误认识，调动农民土地流转的积极性；通过建设和完善农村土地经营权流转信息平台，为土地流转供需双方搭建信息沟通的桥梁。其二，政府要担负起调解员的角色，积极探索开展土地承包经营权纠纷仲裁工作，通过健全乡镇村调解、县仲裁、司法保障的农村土地流转纠纷处理组织，及时解决土地流转过程中产生的矛盾纠纷，切实维护农户合法权益，为土地流转工作创造良好的外部环境。其三，政府还要加强对流转土地的使用监督。政府部门要严格按照《农村土地承包经营权流转管理办法》加强对土地流转的监督，要定期或不定期地深入农村实地监督和查看，要对土地使用过程中随意改变土地用途的、不符合国家统一规划用地要求的限期整改，情节严重的要劝其退出。对于违反有关政策和法律规定，破坏地籍、地力的，应当追究相关人员的责任。特别是对一些进行大规模承租、受让土地的公司要针对其农业经营的资质、经验和技术进行严格审查，监督其是否有"非农非粮化"的行为，一旦有违规、违约行为要严肃予以处理。

二要健全农村土地经营权流转市场。其一，加快"村、镇、县、省"四级全方位、立体式土地经营权流转信息服务平台。以村级土地流转服务站为基础，以乡镇土地流转服务中心为交易点，以县级平台为信息网络发布和交易处置平台中心，省级平台则为全省土地流转和处置提供全方位服务。通过信息平台及时、准确、有效地发布土地流转信息，包括土地价格、区位、用途规划等信息，最大限度地降低流转交易成本，引导土地经营权规范有序、透明高效地流转。其二，建立"市场调节＋政府指导"的土地流转价格评估体系。理论上，土地承包经营权入市进行流转，就成为一种产品，需交由市场统一调节分配，但土地经营权流转价格的确定，却不能单纯由市场调节决定，此时，就需要借助政府之手对市场进行干预，通过政府调控，来实现健康有序流转。建议区分区域土地的性质和流转后的用途规划，实行市场调节价和政府指导价相结合的定价体系，既防止"市场失灵"带来资源浪费，损害土地流转利益，又能借助价格形成机制，实现对土地经营权流转的规划和管理。① 其三，培育"政府+社会"的土地经营权流转中介机构。由于政府掌握了较多的土地流转信息，具有很大的比较优势，它可以较低的成本提供中介服务，因此可以成为中介机构的主体。同时，在政府的引导和鼓励下，让更多的社会力量参与中介服务，各中介机构以基层政府为平台，在县、乡范围内实现信息共享，形成政府+村基层组织+中介机构+农户之间的信息交流机制，促进土地流转数量、区位、价格区间等信息的及时公布，引导土地流转的各相关主体规避市场风险，化解纠纷，提高流转效率。

三要建立农村土地流转风险保障金制度。2017 年中央发布的"一号文件"提出，"鼓励地方探索土地流转履约保证保险"。依据中央文件精神，建立农村土地流转风险保障金制度，对于引导农村土地规范有序流转，加快发展农业适度规模经营，充分保障农户土地承包经营权益有着重要的现实意义。"三权"分置后，土地流转数量日渐增多，流转行为日益普遍，流转主体日趋多元，一方面推动了农民收益的不断增加，农村经济的不断繁荣；但另一方面也带来不少问题，特别是工商资本长时间、大面积租赁农地，更存在"非农化"和"非粮化"、掠夺性开发农村资源、不守规履约导致农民利益受损等各种隐患，损害了土地流转方（即农户）的土地权益。因此，为加强土地流转监管和风险防范，应建立土地流转风险保障金制度以保护农民利益。土地流转风险保障金实行分级管理、分级核算、滚动使用、以丰补歉，专项用于补偿因经营主体无法履行合同时给土地出让者所造成的流转费损失。土地流转风险保障金由县、镇（街道）两级财政土地流转风险补助资金、村（社区）土地流转风险准备金和业主土地流转保证金组成。根据流入方经营产业特点、经营效益状况及流转合同到期后土地复耕难易程度和地力保护情况，确定土地流转风险保障金收取标准。对于大田种植的粮棉油菜等作物，以流转土地内农业附属设施占地面积为基数；对

---

　　① 赵艳杰. 经济法视角下推进土地经营权流转的对策研究[J]. 经济研究参考，2017(41)：113-115.

于特色产业(茶叶、中药材、食用菌等)、畜禽养殖、水产养殖、林果产业、农产品加工销售、现代农业园区及其他流转农地从事农业生产的行为,以流转土地的实际面积为基数。根据确定的基数,流入主体按一年的土地租金或一定比例预缴风险保障金。当经营主体无法履行合同,造成农户流转费损失时,首先确定经营主体的承担份额,再由县、镇(街道)、村(社区)按一定比例承担损失。

(二)完善农村土地征收制度

农村集体土地制度改革中土地征收制度的改革是重点也是难点,其成为农村集体土地制度改革"三项改革"扩围并延期的重要原因。缩小土地征收范围和改变现有补偿方案是农村土地征收制度中的两个难点,也是导致目前改革进度缓慢的主要因素。缩小土地征地范围,意味着一些高度依赖土地财政的地方政府将缺少改革的积极性和推进动力,同时,与快速的城市化进程也难以取得平衡。此外,在缩小征地范围的同时进一步提高征地补偿标准,对地方财政而言无疑是"雪上加霜"。① 因此,完善农村土地征收制度的着力点就放在了解决两者的矛盾上。

第一,缩小土地征收范围,明确界定公共利益。一是按照相关法律依法征收。根据新修定的《土地管理法》中对公共利益做出的明确界定来看,符合六个方面的公共利益的土地可以依法实施征收,即:满足国防和外交的需要,满足重大基础设施建设的需要,满足公共事业的需要,满足安居工程、安置工程的需要,满足城市规划的需要,满足其他公共利益的需要。二是完善土地征用保障机制。建立公共利益认定争议解决机制和建立土地征收审查机制,以解决公共利益权属不清、征地拆迁矛盾突出等问题。

第二,创新并完善集体土地征收补偿方式。一是确立公平补偿原则。根据我国《国有土地上房屋征收与补偿条例》明确规定的"公平补偿"原则,

---

① 高伟. 征地制度改革需克服两大难点[N]. 经济参考报,2017-09-26.

集体土地的征收补偿应当遵守完全补偿的原则，使被征收人所处的财产地位在征收前后相比较而没有发生变化，通过补偿使权利人恢复至如同征收未发生时的应有状态。① 二是明确土地征收的补偿范围和补偿对象。在土地征收补偿中，集体土地所有权、土地上建筑物及构筑物所有权、地上农作物所有权、集体建设用地使用权、宅基地使用权、承包经营权以及其他土地权利都应纳入集体土地征收的补偿范畴之内，将相对应的补偿款项直接分配至该权利人；除此之外，还应包括在取得土地补偿款后的内部成员之间进行的分配的补偿，由集体成员自主分配补偿款。三是建立多元化补偿机制和方式。探索建立实物补偿、社会保障补偿等多元化的补偿机制；探索留地安置补偿、土地入股安置补偿、重新就业安置补偿、异地移民安置补偿等多种补偿安置方式，强化对被征地农民生存权与发展权的长久保障。四是规范土地征收程序。新修订的《土地管理法》将土地征收"两公告，一登记"的程序改为批前公报，将整个征地过程中就补偿安置方案及补偿价格先行协商作为征地的前置程序，尊重被征地农民意愿，确保其参与权、谈判权、知情权和监督权，限制地方政府滥用征地权。

第三，制定完善的征地补偿安置标准。一是遵循市场原则，确定征地补偿价格。将集体所有的土地名义上由国家购买再以拍卖的方式出让，土地征购价格以市场价格为准，征购土地所得，除依法规定缴纳的各种税费外，其余归被征购人所有。二是扩大补偿范围，细化补偿项目。补偿范围应细化为：征收土地本身的补偿、征地农民的生活安置补偿、残余地的分割和相邻土地损害补偿等。三是设定科学的征地补偿计算方法。任何土地交易价格的形成均受到区域经济条件的制约，可以通过科学的评估方法对不同地域和类型的土地进行标准的评估，确定合理的土地市场价格，以此作为补偿依据来制定补偿标准。例如市郊土地市场关注度比较高，土地需求市场旺盛，土地增值较快，收益也较多，对于这部分土地的补偿标准可以以市场价格为主；但是，在土地征收的过程中又不能让被征

---

① 肖黎明. 浅析集体土地征收补偿制度的完善[N]. 法制日报，2015-11-25.

收人有明显不公平，或让其有被剥夺的感觉，因此，土地补偿的下限还要考虑到被征收人的生活水平不低于征收前的水平，并随社会发展有不断提高的趋势。

(三)完善农村集体经营性建设用地入市制度

以往，农村集体经营性建设用地难以自由流转，其结果是城市建设用地在日渐短缺的同时，农村集体建设用地却利用粗放，造成大量空闲用地。2014年底，新一轮农村土地制度改革大幕开启。中央调整用地入市制度，赋予农村集体经营性建设用地出让、租赁、入股权能，促进农村集体经营性建设用地自由流转。国家通过土地产权制度改革实现集体土地和国有土地同权同价，盘活农村空闲和低效用地，既逐步建立起农村同权同价、流转顺畅、收益共享的农村集体经营性建设用地入市制度，催生了农业农村发展的新动能，又形成了对土地市场的有益补充。

第一，合理设置入市主体。"农地"入市，怎么入、谁来入是关键问题，但首要问题是弄清楚谁来入，才能进入到怎么入的环节。"谁来入"也就是入市主体如何来确定的问题，这直接关系到谁是土地收益的主体，其目的就是要通过土地制度的改革来进一步明晰土地主体，特别是农民作为土地的主体收益人，通过改革让他们获得更多的土地收益，并极大地激发他们参与土地改革的主动性。因此，入市主体的界定是集体经营性建设用地入市面临的首要问题。集体作为入市主体，可以通过成立集体资产经营管理公司、经济合作社或由村委会代理入市三级主体推动集体经营性建设用地。一是通过成立集体资产经营管理公司，代理乡镇集体土地实施入市，加快市场流转以获取土地增值收益。二是成立土地股份合作社，把全村"农民"全部变为"股东"，将所有经营性资产量化到人、发证到户。合作社作为集体性质的主体获得土地增值收益后，要扣除一部分作为固定分红，还要扣除一部分用以产业产出规模的继续扩大，同时，还要留一部分作为公共基金用以对贫困人口及弱势群体的救助费用。合作社在市场上通过工商注册登记，成为独立核算、自负盈亏的独立法人，可以通过市场交易获得相应的土地收益。如果村民小组要把本组的集体土地流转出去获得收益，那么，可以通过委托合作社为其代理入市，获得相应的土地增值收益。三是探索村委会代行入市的新形式。可以通过村委会代行集体经济组织的职能，与土地使用者签订用地合同，推动土地入市的规范化操作，特别是在保障贫困户的土地收益权益上能发挥重要作用，带动农民脱贫致富。

第二，完善土地市场交易制度。可建立城乡统一的土地流转制度，规范土地流转的交易规则，强调民主决策的保障作用，同时要规范交易合同条款，以避免不必要的纠纷。应让市场发挥土地交易价格的决定作用，使得城乡统一建设用地的市场规范化，价格不能差别太大，还要搭建一个完善的土地流转市场交易平台，及时发布公告、交易、成交公示等基本信息，促进集体土地交易过程更加公开、透明、合理、有序。

第三，加强土地入市的民主管理。土地入市的经济行为需要强有力的组织加以规范管理，我国《农业法》明确了农村集体经济组织作为农村集体土地管理人的法律地位，是集体土地所有权的行使主体。因此，从法律规定上来看，农村集体经济组织最适合成为集体土地的管理主体。"如2008年成都都江堰市出台了《都江堰市农村集体经济组织管理办法》《都江堰市农村集体经济组织章程》及《都江堰市农村集体经济组织成员确认办法》，规定集体资产管理委员会为乡镇集体经济组织的具体形式，农业合作联社、农业合作社分别为村、组的具体形式，统一负责乡镇、村、组的集体资产管理，拟制了组织章程，成立了社委会、监事会，开创性地颁布了全国第一本《农村集体经济组织法人证书》，明确赋予农村集体经济组织法人地位。"①

（四）完善农村宅基地制度

农村土地制度改革是一项牵一发而动全身的系统工程，特别是宅基地

---

① 张云华. 关于制定《农村集体经济组织法》的思考——以四川省都江堰市的探索为例[J]. 农业经济问题，2010(5)：71-76，111.

制度改革事关广大农民群众的核心利益，是与农民关系最直接的一项改革。农村宅基地制度的改革是盘活土地资源，增加农民收益的关键，是脱贫攻坚工作的重要改革领域。

第一，完善农村宅基地流转制度。2018年中央"一号文件"首次提出探索宅基地所有权、资格权、使用权"三权"分置，在落实宅基地集体所有权，保障宅基地农户资格权和农民房屋财产权的基础上，适度放活宅基地和农民房屋使用权。因此，推进宅基地使用权的流转是完善农村宅基地流转制度的核心。一是完善宅基地使用权登记制度。在完成农村宅基地确权登记颁证工作的基础上，明晰产权，明确划分农民宅基地的使用权能，对农户有权对宅基地享有占有、使用、收益和处分权给予法律上的确认。同时，完善农村宅基地使用权登记制度，建立宅基地和房屋统一登记制度，各地不动产登记机构负责对农村宅基地和农民房屋进行统一测绘和产权登记，将宅基地及地上房屋纳入到不动产统一登记平台中，依法明确农村宅基地使用权的主体，对农村宅基地和农民房屋进行统一管理，依法保护农民权益。二是加强对宅基地流转的监管。农村宅基地能否进行正常流转，这关系到农民自身的切实利益。为此，必须加强对农村宅基地使用权流转过程中的监管力度，既要保障农民的基本居住权利，又要保护耕地资源，还要切实增加农民的土地增值收益。首先，农村宅基地使用权流转应严格在相关规划控制的框架内进行，结合村镇规划，合理组织宅基地布局，杜绝乱占乱建及破坏耕地的行为。其次，对于宅基地的行政审批要规范，禁止任何以各种名义违规审批宅基地、改变土地用途或者改变农民意愿的强制流转行为。行政部门应当加强对违规审批、违章建房的执法力度，将其作为一种事后的监督措施。至于农村宅基地使用权流转市场建立后可能产生的投机问题，国家则可以通过宏观调控的方式加以解决。通过加强对农村宅基地使用权流转的监管，以保障农村宅基地使用权的健康、有序流转。三是建立农村宅基地流转价格评估制度。考虑到农民由于自身缺乏专业的知识，可以由具备相应资质的评估机构对流转的宅基地价格进行科学、合理的评估，但考虑到宅基地流转的特殊性，可以由政府委托专业的评估机构统一评估以确定宅基地流转价格，并建立宅基地使用权和房屋价值评估体系。

　　第二，完善农村宅基地退出制度。农村宅基地有偿退出是农村宅基地制度改革的一大趋势，农民自愿有偿退出农村宅基地改革，目前正在全国多个地区加速探索，如何实现农村集体所有权在不变的前提下顺利"退出"是关键，这就需要建立和完善有效的退出机制。一是建立多元化的退出补偿方式。根据宅基地退出的不同情形可将补偿的对象分为两种：第一种是自愿退出宅基地到城镇买房或自愿退出宅基地住农村集体建设公寓房的农户；第二种是"建新拆旧"过程中，愿意使用低于规定面积标准的宅基地的农户。宅基地退出补偿方式可以分为三种：一种是建设性补偿，主要是指以整体规划为推动力，通过乡村规划和基础设施建设的完善，对农民退出旧宅基地进行补偿；第二种是货币补偿，是指以现金的形式对自愿退出农村宅基地的农民进行补偿；第三种是实物补偿，是指以住房安置的方式，对退出宅基地的农民进行补偿。二是制定合理的宅基地退出补偿标准。针对宅基地使用权的补偿标准可以按照宅基地面积进行农村住房实物补偿或城镇购房化货币补偿。具体补偿标准应考虑区位等因素影响，参考征地区片价格、预期收益、地域差异性等加以确定。另外，为保证宅基地使用权退出补偿标准确立的公平性和充分保护农民土地权益不受侵害，在实践中地方政府应探索引入第三方评估机构，运用科学的评估方法对每一宗宅基地的市场价值进行测算和评估，并对结果进行解释。房屋（包括附着物）的补偿应按照不同房屋结构，根据房屋重置价格来确定。① 三是完善农民退宅后的保障体系。对于宅基地退出后的农民要给予安置房、农民公寓等的提供，在城镇就业的可允许租住公租房、廉租房和购买经济适用房等，并提高退地农民的社会保障水平。

---

　　① 张勇，包婷婷，李艳. 我国农村宅基地制度演变及其改革走向[J]. 山西农业大学学报（社会科学版），2016(11)：775-779.

二、完善土地收益分配制度，增加贫困人口财产性收入

十八届三中全会提出，减少集体土地强制征用范围，推动集体经营性建设用地直接入市；农户承包地可流转；农户房宅可出让、出租、入股、抵押(没提继承权)。农民的宅基地、住房和承包地是其最大的财产。通过土地确权颁证，使农村集体建设用地使用权、土地承包经营权、集体资产产权、林权、股权等能够通过产权交易市场，进行公开、公平的交易，使农村的资源能够有效地转化为农民的财产性收入。由农村集体土地制度的改革引致的农村土地收益分配制度改革也迫在眉睫，集体土地的收益如何实现公平分配，是脱贫攻坚工作中急需解决的重要问题，需要创新土地收益分配制度，这对于缩小我国城乡收入差距，最终解决贫困问题至关重要。农村土地收益分配，是指参与农村土地增值(入市、流转产生)的各个利益主体(政府、农村集体经济组织、农户)本着一定的原则，对土地增值收益进行分配的一个过程，并用一定的标准对分配结果进行衡量。随着农村集体土地制度改革的推进和脱贫攻坚任务的紧迫性，农村土地收益分配的研究范围除了农地非农化的收益分配这一传统的研究领域，还要扩展至集体经营性建设用地入市收益分配、土地经营权流转收益分配、宅基地流转收益分配和农地生产经营一般性收益分配等领域。

(一)合理安排农村土地收益分配权

农村土地收益分配权的制度安排主要是针对政府、村集体和农户之间，以及村集体内部成员之间权利配置的相关规定，界定政府获得收益的形式和比例、村集体获得收益的比例以及农户土地承包经营权和流转收益权获得补偿的权利等。按照法律规定，为了满足集体利益和公共利益的需要，政府可以依照相关规定对土地进行依法征收，也可在给予补偿的基础上进行征用；农村土地归集体所有，因此，农村集体经济组织享有土地收益；农民对集体土地拥有承包经营权，获得相应的收益。由此，形成了政府、农村集体经济组织和农民三大主体权利的农村土地收益分配格局。所

以，在收益分配上表现为三层关系，第一层分配关系为总收益在农民集体和政府间的分配，决定了农民集体的土地净收益；第二层分配关系是政府所获收益在各级政府和不同地区间的分配关系，关系到地区利益的平衡；第三层分配关系是农民集体的土地净收益在集体与成员、成员与成员间的分配关系。① 第一层分配中，必须按照"初次分配基于产权，二次分配政府参与"的原则，对于集体土地的初次流转和再次流转，政府都有权参与二次分配。即政府、农村集体经济组织和农民在土地收益分配中都有权获得收益，尤其是土地增值收益要提高集体和农民占比份额，并通过发挥政府税收调节的功能，对初次分配领域的收入差距进行有效调节，以缓和社会成员间因起点不同，例如存量集体经营性建设用地，可供流转的承包地、宅基地等，在东、西部地区的分布不均等因素导致的收入悬殊和贫富差距。第二层分配中，加强中央到地方的土地行政管理，激励地方政府完善制度规定，加强对市场的监管，加大对破坏市场公平竞争环境的行为惩罚力度，建立有效的市场价格机制、供求机制、竞争机制，确保土地资产的保值增值，减少中央与地方因权力争夺而产生的利益矛盾。对于各类土地收益要建立合理的分配机制，尤其是调整好中央、地方之间的分配比例。在二次分配中重点改革土地税制，鼓励推行年租制，以及逐步推行房地产税制改革，减少政府对土地收益的高度依赖。第三层分配中，根据《农村土地承包法》的规定，集体向集体成员发包并不需要农户交纳对价，农民基于土地承包经营权而获得农业用地产出的收益归自己所有，不再交由集体进行分配。对于集体建设用地收益，除了留足用于集体成员的社会保障支出的部分，剩余的收益部分分配比例的设定须经村民会议 2/3 以上成员或者 2/3 以上村民代表同意方可生效，并设定最低比例。

（二）合理制定土地收益分配标准

土地收益分配标准的制定主要是针对土地增值收益部分，也就是除了

---

① 石小石，白中科. 集体经营性建设用地入市收益分配研究[J]. 中国土地，2016(1)：28-30.

由村集体讨论决定的未承包经营的集体农场、林场，集体经营性建设用地
和尚未开发的荒山、荒沟、荒丘、荒滩等经营状态的农地的收益分配之
外，对集体土地入市或流转实现的增值收益部分制定明确的补偿标准。土
地增值收益必须按土地所有者的所有权、土地承包经营者的承包权和经营
权的权能分配。一是农户承包集体土地所获的土地增值收益，就在农民和
集体之间进行分配。二是对于通过征收的方式将集体所有的土地转为国家
所有，政府必须按照集体对土地的所有权和农民的承包经营权分别给予土
地补偿费。由于土地征收是一种所有权的转换，而所有权的转换从市场经
济的角度看，就是一种土地交易行为，因此，政府应当参考土地一级市场
的价格给予集体组织和农民以经济上的补偿。三是在"三权"分置的情况
下，集体经济组织和农民获得了市场独立的交易主体地位，凭借集体土地
入市和土地经营权的流转获得土地增值收益。这样，农民特别是贫困人口
能够凭借土地大幅度地提高财产性收入。

（三）完善土地收益分配监督机制

完善土地收益分配监督机制，才能保障土地收益分配的公平性，实现
土地收益的共享。一是拓宽监督渠道。除了要尊重农民意愿和接受农民监
督之外，可另外设立专门的监督部门来规范各利益主体行为，监督土地收
益的分配；还可以引入新媒体监督，使土地收益分配过程更加透明化、公
开化，保障农民的知情权。二是扩大监督范围。对收益分配的各个环节和
领域进行全程的监督，政府要及时将有关整个土地征收的程序、内容进行
公示公开，接受农民、社会大众的监督；重点对征地补偿及土地增值收益
的分配的相关部门进行监督，防止某些利益主体以权谋私，阻碍土地收益
的分配共享。三是强化监督力度。国家应出台相应政策法规巩固完备监督
机制，如针对补偿金各乡镇截留比例差别很大的现象，国家应进行明文规
定，贫困乡镇的政府可留较大比例的补偿金用于乡镇建设，其余分配到各
农民；针对土地增值收益过分集中于地方政府的现象，国家应出台有关规
定限制地方政府的行为，保障农民集体及个人的土地收益权；可以成立相

关农民组织如集体合作社等代表民众参与收入分配的监督。①

（四）建立农民生活长期保障机制

农民在土地征收过程中失去土地而失去了生活保障，因此保障失地农民的基本生活是一个需要解决的现实问题。当然，提高一次性的土地补偿是征地改革的趋势，但建立保障失地农民基本生活的长效机制更为重要。政府可规定土地利益的受益者要拿出资金建立保障失地农民基本生活的保障金账户，保障金账户由个人账户、社会统筹账户组成，个人账户资金由集体、个人缴纳资金及其增值收入组成；政府负责社会统筹账户的资金注入，通过给失地农民发放养老保险以保障其老年生活无忧；同时，政府还应积极保障失地农民享有医疗、教育、就业等基本权益。

三、完善村民自治制度，保障农民民主权益

村民自治制度是保障农民集体土地权益的制度安排。农民的经济权利，要有相应的政治权利的支撑和保障才能实现。村民自治制度既为农村集体土地制度改革提供政治保障，又为保护村民的土地权益、解决农村贫困问题提供组织保障。

（一）加强基层党组织建设

办好农村的事，实现贫困人口脱贫致富，关键在党。十九大报告中也提到"党政军民学，东西南北中，党是领导一切的"，这是我们国家事业发展的根本原则，也是现阶段我国农村贫困人口实现脱贫最有效的选择。在脱贫攻坚进程中，很多地方热衷于寻找人才、寻求工商资本下乡，尽管实现脱贫需要社会各界和各种发展要素的协同，但不能主次颠倒，脱贫攻坚工作首要是加强党的领导，发挥农民的主体作用，这是必须坚持的根本原

---

① 刘铮，王春雨.中国集体土地收益共享困境破解[J].黑龙江社会科学，2017（6）：12-16.

则。在坚持这个原则的前提下，可积极寻求社会各界的参与和支持，整合各方资金，使其成为脱贫攻坚的积极要素。抓好基层党建工作，可通过建立健全农村基层党组织，让党组织去领导农民，汇集民智民意，实现"农民的事农民自己办"。村党组织中的党支部可以发挥战斗堡垒作用，这对于促进村里各项工作的顺利开展，保障村民自治制度的执行有很重要的作用。

一是将党建下沉，在村民小组成立党支部。村民小组是农村集体土地权属单位，把党支部建在农村基层利益单位上，有利于协调和处理许多关乎村民利益的复杂问题，特别是涉及土地调整，利益关系十分敏感复杂，在协调各方关系的过程中村小组党支部能发挥核心作用，村民也有了充分表达和交流的平台，便于解决棘手问题。二是适时创新巩固党的领导核心地位。例如广东梅州的三圳镇芳心村的"一核主导"实践，该村立足于本村实际情况，实施党组织、村委会对村级财务开支"两审两签"制，并明确由党组织负责召开村级会议，创新党组织提名村监事会、村民理事会成员的制度。正是通过这些制度安排，强化了党组织对村级各类组织的领导，巩固了党在村民自治中的领导核心地位。[①] 三是加强基层党组织队伍建设。选好党支部书记和班子成员，通过党内民主与党外民主相结合的办法，把党支部选举建立在民意推荐的基础上；切实抓好作风建设，严肃党内组织生活，强化党员全心全意为人民服务的宗旨，发挥好模范带头作用；严格考核制度，定期对支部班子进行民主评议，及时调整不称职干部。

(二)优化村民自治组织内部权力结构

优化村民自治组织必须建立起有效的内部组织结构。"有效的组织结构要有效率和效能、具备创新能力、具备灵活性和适应性、有利于人力资

---

① 肖滨，方木欢. 寻求村民自治中的"三元统一"——基于广东省村民自治新形式的分析[J]. 政治学研究，2016(3)：77-90，127-128.

源的发挥和发展、有利于整合和协调，这其中最重要的是组织内部各部分之间要互相促进、互相制约，形成一种平衡。"①因此，优化村民自治组织内部权力结构就是使其内部形成一种既相互促进又相互制衡的关系，以解决内部权力结构之间的矛盾。

一是处理好"两委"之间的职权关系。通过明确"党支部"和"村委会"联席会议职能和议事规则，保证村内工作责任分明、有章可循、有序进行，这为村民自治的正常运转奠定了政治行政基础。二是推进"政经分离"的改革。明确党组织、自治组织和集体经济组织职责和权力，在实际工作中，三个组织独立展开工作，党组织负责夯实党务、落实政务、创新服务、健全监督工作，自治组织负责社会事务管理，经济组织负责经济活动的经营与管理，从而将党的领导权、行政权、经济权和自治权相互分离，划清了各个权力间的界限。但同时，村党支部书记虽然不可兼任村集体经济组织的领导成员，但可以赋予其对经济组织的监督职责，并提倡村党组织领导成员与村委会领导成员交叉任职，村党组织的其他成员可以兼任农村集体经济组织的领导成员，这就使得党对于经济组织和自治组织的控制均有所加强。三是强化村民自治组织的权力机构。对于管理权力过大的村可以将"村民自治下沉"到自然村或村民小组，可以考虑在村民会议和村民代表会议下设立"农民会议"或成立农民"理财监督小组"，村民小组中的有关事件都可以通过"农民会议"共同商讨决定，对财务监督则可以由"理财监督小组"实施，而"农民会议"和"理财监督小组"的权力则可以通过制度和民俗道德给予双重约束，这样更有利于农民特别是贫困人口直接参与村级治理和管理，发挥他们参与的积极性。

(三)加强村民民主监督

没有民主监督，就没有基层民主的良性运行，就难以实现农村的和谐发展。民主监督是农村民主自治制度建设的重要环节，是发展农村基层民

① 谭文邦. 村民自治组织的结构分析[J]. 经济研究导刊，2013(15)：128.

主和完成脱贫攻坚任务的重要保障。

一要提高村民的监督意识。可利用各种形式如村广播、村务公开栏、宣传单等向村民传播村庄选举、政策信息、补贴发放等相关信息，鼓励村民参与村事务的各项监督。二要完善民主监督的资金配套。在贫困地区，由于村集体经济发展落后，村各项经费严重不足，需要上级政府给予专项资金支持，以促进村民主监督工作的顺利开展。三要加强民主监督组织的建设。可成立专门监督村民自治组织的监督机构，如以村小组为单位设立村民监督委员会，保证其独立行使民主监督职能，不受村委会制约，其成员由村民选举产生，主要职责是监督村委会的日常工作，重点监督村财务状况，确保村财务公开透明。特别要完善村民监督组织成员的构成，可从村党员、退休教师或干部里选出，作为村民监督代表对村"两委"及监督委员会日常工作进行监督，以保证民主监督的有效运行。

第三节　破解结构性制约因素

贫困地区广大的贫困人口生产生活之所以始终处于低水平的物质维度，其根源就在于没有享受到社会发展所带来的巨大成果，更深层次的制约因素就是结构性问题的存在而使得贫困问题更加根深蒂固，更加难以破解。为此，只有坚持共享发展，从结构上革除贫困群体不能全面共享改革发展成果或者共享程度低的问题，才能真正消灭贫困因素，实现持续性发展，全面进入小康社会。

一、实施生态+特色产业扶贫，增强贫困地区发展内生动力

产业扶贫是《中国农村扶贫开发纲要（2011—2020年）》提出的一个重要的扶贫手段。由于有的贫困地区开发程度较低，自然资源保存相对较好，生态环境优美，就可以利用自然资源的优势发展特色产业，利用生态环境优美的优势发展生态旅游产业，这对于扶贫脱贫工作具有极大的促进作用。可通过引进农业龙头企业或建立农业产业园促进农业经济结构调

整，引导贫困农民向第二、第三产业转移。可发挥企业的资金和技术优势，引导企业在农村开发投资兴业，为农民提供就业机会。2016 年 5 月 26 日，农业部等九部门联合印发的《贫困地区发展特色产业促进精准脱贫指导意见》(以下简称《意见》)进一步明确了精准产业扶贫的基本思想。《意见》指出，发展特色产业是提高贫困地区自我发展能力的根本举措，而且，其他的扶贫脱贫形式都需要通过发展产业来实现。《意见》强调，要以五大发展理念为引领，也就是通过发展既能保护环境又能实现绿色发展的特色优势产业，来带动农村经济实现可持续发展、贫困户长期稳定的增收。

(一)精准选择生态+特色产业

发展产业不能以牺牲生态为代价，如同习近平总书记在纳扎尔巴耶夫大学回答学生问题时指出的，绿水青山、金山银山都是我们需要的，而且绿水青山更重要。深度贫困地区往往生态环境脆弱，自然灾害频发，处于全国重要生态功能区，生态保护同经济发展的矛盾比较突出，实现脱贫和巩固脱贫成果都存在很大不确定性。因此，贫困地区的贫困人口实现脱贫致富必须把发展产业与生态保护结合起来，精准选择产业，才能推动贫困地区农村实现绿色可持续发展。

第一，制定生态+特色产业发展规划，明确扶贫的大方向。贫困地区要根据《中共中央国务院关于打赢脱贫攻坚战的决定》精神，并结合本地区特点制定生态+特色产业发展规划。出台相应的扶贫政策，重点支持贫困村、贫困户因地制宜发展生态+特色产业；实施贫困村"一村一品"产业推进行动，扶持建设一批贫困人口参与度高的生态+特色产业基地，并加大农产品品牌推介营销支持力度；支持贫困地区发展环保达标的有机食品、农产品加工业，加快一、二、三产业融合发展，让贫困户更多分享农业全产业链和价值链增值收益；自然生态较好、自然资源和人文资源较丰富的地区，可以大力发展循环经济、林下经济、乡村生态旅游；生态环境脆弱、敏感的国家重点生态功能区范围内的扶贫以保护生态为主，公益补偿为辅；科学合理有序地开发贫困地区水电等资源，调整完善资源开发收益分配政策；探索水电利益共享机制，将从发电中提取的资金优先用于水库移民和库区后续发展。努力实现在保护生态中发展农村经济、在农村经济发展中保护生态，实现生态建设产业化、产业发展生态化，达到经济与生态互惠，这些政策规划能为生态+特色产业扶贫指明大的方向。

第二，在中央层面的产业扶贫政策指导下，地方政府也要出台生态+特色产业扶贫的相关政策和规划。例如，广西壮族自治区于2015年12月发布了《广西扶贫产业开发"十三五"规划》，明确了自治区的五大经济带，确定了以蔗糖产业、桑蚕产业、水果产业、中药材产业、茶叶产业、油茶产业、生猪养殖产业等七大产业为支柱的特色优势产业体系。四川省专门出台了《四川省农业产业扶贫2016年工作计划》《四川省工业产业扶贫2016年工作计划》《2016年四川省电子商务精准扶贫工作要点》《四川省旅游扶贫2016年工作计划》，对农业产业扶贫的主导产业、工业产业扶贫的项目选择、电商扶贫如何实施及旅游扶贫的项目安排进行了全面规划。湖北省农业厅、林业厅、旅游局和扶贫办联合印发了《关于开展产业扶贫精准脱贫的实施意见》，提出要创新产业扶贫机制，重点发展特色农林产业，推进林业产业扶贫，大力发展农林产品加工业、乡村（森林）旅游等扶贫产业，并明确了湖北省大别山片区、武陵山片区、秦巴山片区和幕阜山片区的富民主导产业。还有湖南省发改委把加快发展特色生态农业扶贫列为首要措施，支持贫困地区建设特色农业生产基地，发展规模适度、管理规范、特色明显的家庭农场，支持发展休闲、观光、体验等农业新业态，探索实施"农产品产地初加工惠民工程"，造就具有市场竞争力强、地域特色明显的特色农林产品品牌。甘肃省按照生态建设产业化、产业发展生态化的要求，大力发展以苹果、核桃、花椒、油橄榄、葡萄、梨、枣、枸杞等为主的特色优势林果产业；依托森林资源，大力发展种植、养殖、林产品加工；大力支持贫困地区发展种苗产业，积极引导贫困户参与种苗基地建设，培育种苗大户，增加农户收入。

（二）培育生态+特色产业的新型经营主体

生态+特色产业扶贫需要培育新型经营主体，组织和带动贫困人口脱贫致富。党的十八大以来，党中央、国务院先后出台了土地经营权流转、承包地"三权"分置等文件，对培育新型农业经营主体、发展适度规模经营做出了一系列重大部署安排。2015 年出台的《中共中央国务院关于打赢脱贫攻坚战的决定》指出，要加强贫困地区农民合作社和龙头企业培育，发挥其对贫困人口的组织和带动作用。2017 年 5 月，中办、国办印发了《关于加快构建政策体系培育新型农业经营主体的意见》，进一步明确了财政税收、用地用电等政策支持措施，优惠政策实施以来，农村的家庭农场、农民合作社发展迅速，农业生产性服务业也如雨后春笋般发展壮大，极大地促进了农村新型农业经营主体的蓬勃发展。农业部相关数据显示，"目前，全国农户家庭农场已超过 87 万家，依法登记的农民合作社 188.8 万家，农业产业化经营组织 38.6 万个（其中龙头企业 12.9 万家），农业社会化服务组织超过 115 万个"。① 在推进农业供给侧结构性改革、促进现代农业建设、带动小农户发展等方面，新型经营主体发挥着越来越重要的引领作用。当前，通过承包地"三权"分置改革促进农村新型经营主体的成长，对于农村集体经济的发展壮大具有极大的推动作用，是脱贫攻坚工作的重要力量。

第一，加大政府政策的支持力度，培育农村新型经营主体，加快脱贫步伐。一是从资金、项目、技术、信息、用工、用地等方面给予优惠政策的支持。大力扶持和培育专业合作社、农业龙头企业、家庭农场、种养大户等农村新型经营主体，充分发挥其在新品种、新技术的采纳、新市场开拓等方面的示范带动作用，引导帮助贫困户发展特色产业，重点支持新型农业经营主体参与现代园区建设，把产业向加工领域延伸，拉长产业链，

---

① 李慧. 既扶优扶强又不"垒大户"——专家解析《关于加快构建政策体系培育新型农业经营主体的意见》[N]. 光明日报，2017-06-02.

增加产品附加值，带动广大农户脱贫致富；支持通过土地托管、牲畜托养、吸收农民土地经营权入股等途径，带动贫困户增收；支持新型经营主体向贫困户提供全产业链服务，切实提高产业增值能力和吸纳贫困劳动力就业能力。二是培育新型职业农民，给予人才支撑。一方面，针对不同特点、不同类型的农民，制定中期及长期的培养规划，对其培训的目标、方式、内容也要因人而确定。相应的培训经费则需要政府加大投入，将覆盖范围尽量扩大到各个贫困地区。另一方面，针对贫困地区人才缺乏的情况，除了培养农村内部人才之外，还要大力引进外部人才，特别是那些有一定学历背景的大中专毕业生、有一技之长的返乡农民、掌握先进农业技术的科技人员、有着创业精神的退伍军人等，要从政府补贴、社会保障、项目扶持、金融服务、土地流转、职称评定等方面给予优惠的政策，吸引他们回乡下乡，扎根农村，发挥他们的聪明才智，支持农村各项事业的发展，带领贫困人口脱贫致富。三是发展农业信贷和保险试点，给予金融支持。国家提出争取对新型经营主体的农业信贷担保余额占总担保规模比重达到70%以上，实现主要农业县全覆盖，这表明国家将加大对农业的金融支持力度，如通过综合运用税收、奖补政策，鼓励金融机构创新产品和服务，加大对新型农业经营主体、农村产业融合发展的信贷支持，从而推动省级农业信贷担保公司加快向市县延伸。开展实施小麦、玉米、水稻三大粮食作物农业保险试点，推动保障水平覆盖全部生产成本。

第二，以共享为核心，建立贫困户和新型经营主体的利益联结机制。一个是将新型经营主体对贫困户的带动能力作为政府扶持政策的重要衡量指标。比如把政府扶持的资金折股量化到贫困农户，让资金变股金；引导和组织贫困户加入农民专业合作社，包括土地入股、股份合作、参与农业产业化经营；积极开展"公司+基地+贫困农户""规模园区、农业特色基地、专业村群+农民专业合作社+扶贫龙头企业+贫困农户""政府+公司+贫困农户""合作经济组织+公司+贫困农户"等链式扶贫新模式，促进扶贫项目对接到贫困农户，实现利益共享。在具体措施方面，通过为贫困户提供科技、信息、农产品营销等方面的服务，带动贫困户通过市场这条途径获得脱贫致富的机会；通过培训特别是职业农民的培训，提升贫困户的自我发展能力和动力；通过深入实施信贷支农行动和农业大灾保险试点等直接面向贫困户的农业生产性服务，切实降低新型经营主体的生产成本和经营风险，提高他们带动贫困户发展的能力。

第三，加强对新型经营主体的监督和管理。建立健全新型农业经营主体统计调查、监测分析和定期发布制度，加强对新型经营主体的监督和管理。针对农户家庭农场，要开展认定工作，指导和鼓励它们使用规范的生产记录和财务收支记录，推进家庭农场基础台账和名录系统全覆盖。深入推进新型农业经营主体示范创建，重点放在农业产业化示范基地、农业示范服务组织、一村一品示范村镇创建上，发挥示范带动作用。

（三）加大生态+特色产业扶贫的投入保障

扶贫工作是一个体系化的工作，健全的组织架构以及资金、人才、市场等的投入保障是扶贫工作得以按计划推进的关键。因此，生态+特色产业扶贫需要整体推进，加大各方面的投入力度，形成全面保障机制。

第一，加强组织保障。《中共中央国务院关于打赢脱贫攻坚战的决定》明确提出，脱贫攻坚要强化领导责任制、发挥基层党组织战斗堡垒作用、严格扶贫考核督查同责、加强扶贫开发队伍建设、推进扶贫开发法治建设等脱贫攻坚的政治保障举措，也为产业扶贫的组织领导指明了方向。贫困地区要在县级成立精准扶贫工作领导小组，县级党委和政府承担主体责任；在镇一级设置扶贫站点，并抽调真干、实干、能干的专职人员负责具体工作，脱贫工作出色的人员可以给予一定的行政职务，具体工作包括督促指导各村开展贫困户建档立卡，摸清贫困人口的数量、贫困状况，对贫困人口实施动态管理；进一步落实各级领导责任，形成以主要领导全面抓、分管领导具体抓、党委班子成员包村抓、下派干部驻村抓的领导体制和工作机制，为落实贫困村整体脱贫目标任务提供强有力的组织保障。

第二，加强资金保障。一要积极发挥好扶贫资金互助社、村扶贫互助社的作用，帮助贫困户脱贫致富；二要加快推进惠农小额信贷等信贷工作，加大信贷投放；及时对群众惠农资金、五保、低保等政策性资金的打卡发放；三要统筹整合各类资金，想方设法积极与镇区致富能人、致富带头人取得联系，通过捐资等形式助力贫困村、户的产业发展；四要积极协调各类金融机构在贫困地区延伸服务网点、强化金融服务。

第三，加强市场保障。产业扶贫的难点不在生产在市场，产业扶贫的工作除了狠抓产品质量之外还要注重产品的销售。要加大对基础设施的投资力度，大力发展农产品+互联网的扶贫模式，开辟农产品网上销售渠道，让优良的生态农产品走出村，走向市场。电商扶贫具有其自身的优势，其可以把生态农产品市场不畅、经营分散、品种多规模小、产业链短的劣势转化为优势，应当成为产业扶贫的一个重要保障。

第四，加强科技和人才保障。通过建立产业基地平台，为技术人员提供施展才华的舞台，充分调动他们的积极性，加快科研成果向生产力的转化，对地方特色农产品加大开发利用力度，推进互联网信息技术在贫困农村的普及。整合各级政府干部、到村任职干部、大学生村官和乡镇驻村干部力量，强化驻村帮扶工作力量，全面营造上下联动、干群携手的网格式扶贫攻坚大氛围；整合各行业、企业资源，围绕慈善义举、结对帮扶、能人帮建等方面及时向镇区企业单位发出倡议，不断壮大帮扶队伍；加大贫困地区新型职业农民培育和农村实用人才带头培养力度，支持和鼓励科技特派员投身优势特色产业创业，开展创业式扶贫等。

二、统筹城乡一体化发展，实现城乡基本公共服务均等化

《中共中央国务院关于打赢脱贫攻坚战的决定》指出，到 2020 年，稳定实现农村贫困人口不愁吃、不愁穿，义务教育、基本医疗和住房安全有保障；实现贫困地区农民人均可支配收入增长幅度高于全国平均水平，基本公共服务主要领域指标接近全国平均水平；确保我国现行标准下农村贫困人口实现脱贫，贫困县全部摘帽，解决区域性整体贫困。如今，中央制定的目标已得到实现，探究其中的成功经验，其中建立有利于贫困人口脱贫的城乡一体化的公共服务体系，特别是实现城乡户籍、医疗、教育等社

会保障体系的对接最为关键。

(一)打破扶贫的户籍障碍，实现城乡户籍制度一体化

户籍制度改革需要理性的艺术，不能采用"休克疗法"式改革，造成人口在短时间内涌入城市形成"洼地效应"，让财政负担难以承受，而是要实施渐进式改革，既能让新来人口享受到公共服务，又不会降低户籍居民原有的公共服务水平。因此，户籍改革改变户口只是"形"，实现公共服务均等化才是"实"，只有这样才能实现去城乡身份化的全国统一性扶贫。

第一，破除城乡二元的福利体制。在现行制度下，基本公共服务都是与户口紧紧捆绑在一起的，城市户口的居民所享有的基本公共服务水平明显高于农村户口的居民。因此，简单地取消农业户口和非农业户口并不能解决根本问题，而是要改变由户口带来的身份差别性福利和公共服务体制，这需要通过推动城乡和区域均衡发展，实现城乡和区域管理体制一体化，建设依托于国民身份而非户籍身份的福利和国家管理体制来解决。具体做法是，建立城乡统一的户籍登记管理制度、社会保障制度和均等化的基本公共服务制度，完全剥离与户籍挂钩的各种权利和福利，实现城乡居民享有平等的福利，并依据当地居民的标准，使进城务工的农民与城市居民享有平等的基本权利，除了应当享有的福利水平之外，还要享有平等的选举权、被选举权等基本权利。

第二，建立普惠性的落户制度。在中西部等非发达地区，城市和城镇可以大力推行普惠形式的户籍制度，逐步降低农村人口居住证申办门槛直至零门槛，持证人在基本公共服务方面享受与当地户籍人口同等待遇，以保障其公民基本权益。当持证人达到一定的积分时，应转为城镇正式户口。例如，成都、重庆等城市在户籍制度改革方面走在了前面。成都将农村户口和城市户口都统一为"居民户口"，并且实行了农民进城租私房也可以入户的政策，彻底打破了农村向城镇转移的户籍壁垒。① 2018 年 1 月 1

① 汪三贵，等.城乡一体化中反贫困问题研究[M].北京：中国农业出版社，2016：180.

日，成都市开始实施户籍制度新政策，即实施条件入户和积分入户"双轨并行"的户籍制度改革新政。明确了积分体系、积分指标及分值、办理流程等具体内容。通过入户指标、差异化落户政策等手段，科学调控人口规模、优化人口结构；通过建立健全居住证和实有人口登记制度，实现基本公共服务向常住人口覆盖；通过完善农业转移人口落户政策、保障农民合法财产权利及加强服务保障，推进农业转移人口市民化。① 重庆市在户籍制度改革上，大力推进基本公共服务均等化，明确规定落户后的农民在就业、社保、住房、教育、医疗等各方面与市民享受同等待遇，但同时也对进城务工经商的时间要求、购房与投资标准以及纳税数额等提出了明确的门槛标准。② 这种逐渐放宽的户籍制度是我国户籍改革的趋势，有利于破除城乡分割的社会保障体系，逐步实现城乡基本公共服务均等化，让更多贫困地区的农民通过改革获得更好的福利和权益，从而有利于加快推进脱贫进程。

（二）缩小城乡教育差距，实现城乡教育一体化

目前城乡教育体制的二元分割虽然是当前公共资源短缺的无奈之举，但从长期的扶贫角度来看是不利于农村贫困人口脱贫的，探索和解决贫困人口及其子女的教育问题是实现城乡一体化扶贫的关键。实现城乡教育一体化，就是缩小城乡教育差距，协调城乡教育资源，破除二元社会结构对教育的影响和约束，实现城乡平等发展的教育体制，从而为贫困人口脱贫提供有利的教育支持。而作为一种公共性资源，社会公民都应当共同享有该项权利，因此，在包括对教育资源在内的公共资源分配过程中必须坚持公平性原则。

第一，建立城乡教育一体化的管理机制。各级政府在推进城乡教育一体化进程中要确定明确目标和责任，按照《国家中长期教育改革和发展规

---

① 冉倩婷. 明年起，成都实行户籍制度改革新政[N]. 成都日报，2017-12-01.

② 尤琳，陈世伟. 城乡一体化进程中的户籍制度改革研究[J]. 社会主义研究，2015(6)：84-91.

划纲要（2010—2020年）》要求，各级政府要切实履行统筹规划、政策引导、监督管理和提升公共教育服务的职责，建立健全公共教育服务体系，逐步实现基本公共教育服务均等化，维护教育公平和教育秩序。一是省级政府要加强顶层设计。市、县各级政府要根据省政府的顶层设计，确定好当地推动城乡教育一体化的目标和责任。二是建立城乡统一的教育质量评价标准。对城乡教育质量的评价要按照统一标准进行考核，提高贫困农村教育质量，推动城乡教育一体化。

第二，建立城乡一体化的经费投入机制。教育的一体化关键是合理分配教育经费，实现教育资金分配的均等化。要建立责任明确的各级政府提供城乡教育资金的分担体制，明确各级政府在统筹城乡教育经费方面的责任。要建立规范透明的政府间财政转移支付制度，保障资金分配和使用的公平性、规范性。要建立城乡统一的教育经费分配标准，提高向农村拨付比例。要建立农民工子女专项教育补贴制度，着力解决农民工子女入学问题，对接受农民工子女的学校进行专项财政补贴，让农民工子女享有平等的教育权利。在政策方面支持农民工学校发展，对现有农民工学校进行规范管理，建立健全学校财务信息公开制度，加强师资队伍建设，努力提高教学质量，鼓励农民工学校实现创新发展。

第三，建立城乡一体化的教师配置制度。提高贫困农村学校教师的工资待遇，建立区域内城乡教师工资、津贴、补贴的统一制度；建立激励机制，吸引优秀教师进乡进山；建立城乡学校间教师定期交流机制，为贫困农村教师提供出去学习交流的机会；建立城乡统筹的教师培训体系和农村教师全员免费培训的新机制，加大对贫困地区教师的学习培训力度。

第四，加快城乡一体化的教育综合改革实验区的建立。我国城乡教育综合改革已经从城乡二元的小综合改革阶段发展到了城乡教育一体的大综合改革阶段，过去学校将提高升学率作为办学的唯一目标，现在必须转变到培养适应社会发展需要的人才的轨道上来。这样有利于为贫困农村培养急需的技术人才，对促进贫困农村尽快脱贫发挥出重要的作用。实践证明，率先进行农村教育综合改革的地区，教育结构逐步趋向合理。这种坚持因地制宜、分类指导、点上深化、面上扩展的原则和确立城乡一体化教育综合改革实验区的做法值得在贫困农村进行推广。

（三）打破城乡二元社会保障体系，实现城乡社会保障机制一体化

建立城乡统一的社会保障制度是我们党和国家做出的重大决策，是当前打破城乡二元社会结构、保护农民基本权利的重要手段和措施。建立城乡一体化社会保障制度的实质，是对社会保障资源在城乡不同社会利益群体之间的重新分配。因此，建立城乡统一的社会保障体系，实现城乡社会保障机制的对接是我国顺利完成脱贫进程最有效的手段之一。

第一，完善城乡居民基本养老保险并轨机制。国家应通过建立健全全国统一的信息平台，将城乡居民参保人参保信息统一录入管理，实现城乡居民在全国范围内自由使用养老保险。对失地农民可将其纳入城镇养老保险或农村养老保险体系之内，也可以通过购买商业保险解决失地农民养老问题。从各省市经济水平发展状况来看，由于东中西部的经济发展差距导致养老保险的缴费标准和保障水平有较大差异，国家只有逐步缩小各区域内经济发展差距或采取措施平衡各地区的经费和保障标准，才能最终实现城乡养老保险的一体化。

第二，完善城乡居民基本医疗保险衔接机制。对于在城镇有稳定就业的农民工，按照国家制定的《流动人员基本医疗保险关系转移暂行办法》中的相关规定，可以在就业地参加当地的城镇职工医疗保险。其他流动人员，可以将户籍所在地的新型农村合作医疗保险转移至就业所在地，同时，不再享受新型农村合作医疗待遇，同时在财政补助方面，国家应尽量做到参保居民和参合居民补助一致。

第三，完善城乡统一的失业保险、最低生活保障和社会救助体系。一是完善财政投入机制。加大财政尤其是中央财政的支持力度，不断提高失业保险、低保及社会救助的标准，满足城乡居民的基本生活需要；同时，优化资金分配比例，即中央、地方应按怎样的比例来共同分担资金。二是

完善测量和跟踪体系。目前，针对城乡居民特别是农村贫困群体的检测多倾向于对个人贫困社会现状的描述，对其群体社会特征和生活状态没有系统量化分析和趋势分析，缺乏对于区域性、行业和身份特征等综合因素进行统计。考虑到这种状况，可以建立一个自上而下的测定城乡特别是农村贫困群体实际需求的综合分析和动态跟踪系统，不断改进城乡居民失业保险、最低生活保障、社会救助标准的合理性。三是扩大保障范围。逐步将有劳动能力的农村贫困群体纳入到制度中来，特别是针对进城务工的农民建立和完善相应的失业保险、最低生活保障及社会救助制度，使进城务工的农民也能得到充分的社会保障。

第四节　破解机制性制约因素

真正实现农村贫困人口全部脱贫的战略目标，并不在于仅仅以数字表达的种种脱贫指标，而在于能否建立健全体现脱贫战略的具体实现机制。只有按照共享发展理念的要求，坚持以人为本的价值诉求，整体而全面地科学构建扶贫脱贫机制，才能真正实现脱贫的战略目标，进而实现社会发展成果为全体人民所共享。探究我国各个阶段的脱贫举措，以及成功实践，到2020年脱贫攻坚战的全面胜利，一个重要经验就是解放和发展生产力，不断破解体制性制约因素，彰显社会主义制度的优越性。

一、完善政府扶贫工作机制

在我国减贫过程中，由于贫困人口致贫原因复杂，导致脱贫任务相当艰巨。习近平总书记在党的十九大报告中指出，要全面动员全国全社会力量，坚持精准扶贫、精准脱贫，坚持中央统筹、省负总责、市县抓落实的工作机制。因此，政府作为脱贫攻坚工作的主体，明确其在扶贫脱贫工作中的主导地位，划清与市场的作用边界，提升工作能力，对于完善政府扶贫工作机制达到完成脱贫目标有着重要的作用。

（一）完善权责整合机制

减贫是我国政府的一项重要工作和职责，长期以来减贫工作都是由我国政府来主导，这是我国实现减贫的主要特征和重要经验之一。尽管在农村贫困治理中，我国政府也倡导社会组织参与，但社会组织的功能是有限的，其发展也依赖于政府，所以，政府在减贫中的主导地位并没有改变。构建合理的权责体系，明晰政府组织在运行中的权力和责任，提高政府贫困治理效果，是当前政府完善治理机制的重要前提。

第一，明晰政府责任。作为扶贫工作的主体，政府掌握着在资源、利益、财富等分配中的公共权力，但在过去的扶贫中由于公共权力约束缺失，导致政府权责不清，在资源、利益、财富的分配中"错位""越位""缺位"现象时常发生，导致扶贫效率低下，为此必须遵循共享发展理念中以人为本的价值取向，按照习近平总书记提出的六个精准的要求加以纠正。一是明确政府在脱贫工作中的核心主体和主导地位。推进政事分开、政企分开和管办分开，适度分权，做到权责一致，提高扶贫效率。二是规范政府对扶贫工作的宏观指导。政府要明确脱贫的目标、对象和重点，运用政策、规划和布局等体制性手段，将脱贫与国家发展紧密结合起来，在扶贫资源数量、品种和结构方面形成科学合理的布局结构。三是规范政府对扶贫法规政策体系的制定。建立健全的法律体系和积极的政策支持体系是完成脱贫目标的有力保障，政府应加强立法，健全法规体系，将扶贫工作纳入法制化轨道，推动扶贫资源的管理和分配法制化，创造有利于扶贫工作的宏观环境。政府通过制定扶贫的财政支持政策、投融资政策、管理政策和保护政策等，支持和引导扶贫工作的顺利开展。

第二，厘清政府与市场作用边界。处理好政府和市场的关系是完善治理机制的核心内容，只有厘清两者的作用边界，才能建构政府有效性与市场有效性的共生关系，在脱贫攻坚工作中形成分工互补的关系，该由政府负责的，一定要管好，不能缺位、错位，不能盲目地推给市场；不该政府管的，绝不能大包大揽，而应坚决放手。虽然政府在扶贫工作中发挥着核心作用，但是也存在着资源有限、效率不高等缺陷，需要发挥市场机制的作用加以弥补。在社会主义市场经济条件下，要充分发挥市场机制的作用，推动贫困群体深入市场，积极参与市场分工，通过参与经济活动增加收入。与此同时，政府还要按照市场经济规律推动贫困地区的经济发展，按照市场要求，给予贫困地区的经济组织更多的优惠政策，宏观引导贫困农村的经济发展。

第三，提升政府治理能力。贫困治理能力是政府治理能力的重要体现，对于消除贫困至关重要。一要提高政府与多元主体的合作能力。在贫困治理中，政府虽处于核心地位但并不是唯一主体，其他社会组织或团体也须承担减贫的责任。一方面，政府引导和促进多元主体在减贫中各负其责、有效合作，并通过法律和政策手段，鼓励和支持各社会主体参与减贫，实现政府治理和社会参与的良性互动。另一方面，明确政府与社会组织、团体或个体在减贫中的责、权、利，划分政府、社会、个体在减贫中各自的权力空间、责任边界，更好发挥各自的独立功能，激发社会组织和个体参与减贫，实现多元主体之间的良性互动。二要提高制度建设能力。制度建设是从更高的社会及国家的角度来解决脱贫问题。一个好的公平的制度能够为劳动者提供正向激励作用，并能够创造满足劳动者实现全面发展的制度环境，同时，又能够为社会成员提供约束机制来规范每个人的逐利行为。正如同罗尔斯和阿马蒂亚·森所指出的，制度能够为人们提供他所向往的生活方式，能够决定人们是否能生活在他所希望的社会里。因此，政府要通过建立相应的制度规范来保障每个人所享有的各项权利，以及每个人应当拥有的社会资源，维护社会公平正义，让贫困人口能公平地享受到制度所带来的福祉。三是提升创造公平发展机会的能力。必须依靠强有力的政府力量为社会成员提供公平的发展机会，这是政府应有的责任，政府通过协调各方利益关系，来保证每个社会成员都享有公平的发展机会。对于处于弱势地位的贫困人口而言，拥有充分的发展机会就能够保障他们中的每一个成员都能被公平地对待，获得基本权利和机会平等，每个人都有机会充分发挥个人的能力，真正享受到追求自我价值的自由，实现每个人的全面发展，而不是被排斥在社会经济发展之外。

（二）构建扶贫合作机制

针对我国贫困呈现区片化特征，扶贫工作也从分散化扶贫走向了整体性扶贫，这就需要政府发挥协调能力和整合各区域、各部门资源的能力，形成区域合作和政府多部门共同协作促进贫困地区综合发展的格局。

第一，加强区域间的扶贫合作。当前，贫困地区主要集中在西部地区，因此，政府必须对落后地区的发展加以干预，平衡区域间的发展水平。为了抑制发达地区对落后地区的极化效应，必须加强区域间的扶贫合作，建立平衡地区利益的协调机制。一是加强发达地区与贫困地区的合作扶贫。通过建立省一级的利益协调机制，在财政扶持的方式上，加大对贫困落后地区的科技、公共基础设施、教育、医疗、社会保障、支农等社会事业和公共服务领域的支出力度；在金融扶持的方式上，拓展财政补偿金融——金融扶植农村经济——促进农民增收的渠道，改善贫困落后地区的融资环境，制定不同类型金融机构支持贫困地区农业发展的相应优惠政策，提高贫困地区可持续发展的能力；在产业扶持的方式上，在产业政策、扶持优势产业、促进产业结构优化升级等方面对贫困落后地区实行积极的促进政策，并发挥经济发达地区的产业优势，通过产业转移促进贫困落后地区的发展，实现发达地区对贫困落后地区的帮扶。二是加强贫困地区间的合作扶贫。我国的连片特困地区在资源、历史、文化等方面存在着一定的一致性或互补性，具有天然的合作优势。这些贫困地区之间如果能够抓住其各自区域的特点，合理利用区域优势，联合起来以整体的方式吸引外来资金和政策资源，这种合作将会是一个不错的选择。

第二，加强政府间的扶贫协作。首先，要加强政府间的信息协调。加强政府间的扶贫协作，并不必然会起到减贫的作用，甚至还会有反作用，这是因为协作如果缺乏信息的沟通与协调，将导致协作的失败。因此，必须找到政府间协作的可能性，从文化传统、经济发展、政治上和地理上找到相关性，这是政府间开展协作的必要条件，还要找到在经济发展、自然资源和人力资源、产业结构和市场政策等方面具有的互补性，以及在各项政策措施上能否达成一致，这样合作才能够实现。其次，要常设合作扶贫组织。合作扶贫组织的职能要定位清楚，将过去各部门所承担的扶贫开发职能整合到这一专门的扶贫开发部门当中，该部门承担扶贫规划、扶贫资金和资源的分配、扶贫方式和对象的确定、扶贫绩效的评估等职能，以避免多个部门在扶贫工作职能方面产生交叉，降低效率的问题，还要建立完善的管理和监督机制，使扶贫资金的使用和分配、扶贫产业的实施、扶贫方式等更加规范化和整体化。在省级和（市）县级方面，要强化与合作扶贫组织之间的沟通协调机制，逐步推行省直管的行政体制，并加强对合作扶贫组织的扶贫政策的制定、各类扶贫投资效果的监测和评估工作。

二、完善收入分配调节机制

在社会主义经济建设中，社会主义基本经济制度和分配制度是体现公平正义的制度安排，为民生改善、实现发展成果由人民共享、消除贫困提供了强有力的制度保障。

（一）规范初次收入分配

初次分配是指国民总收入直接与生产要素相联系的分配。在现阶段，由于我国实行的是公有制为主体、多种所有制经济共同发展的基本经济制度，因而决定了按劳分配为主体、多种分配方式并存的社会主义收入分配制度，决定了我国广大劳动者在收入分配中处于平等地位，能通过劳动公平分享经济社会发展成果。公有制经济为广大劳动人民提供了直接占有生产资料的物质条件，他们通过国家直接占有的生产资料，从根本上消除了资本主导的"强资本、弱劳动"的分配状况，劳动者和生产资料结合所创造的财富能公平分配给每一个劳动者。这里要强调的一点是，在初次分配中必须注重效率问题，也就是要充分发挥市场机制的作用，决定生产要素的配置和价格的形成，即在初次分配中保障农业生产所需的各种生产要素以提高农业劳动生产率，并按照市场价格对农产品定价以提高农民的收入水平。政府则要在创造机会公平的竞争环境方面更加积极作为，用法律手段和行政手段维护农民特别是农村贫困群体的切身利益。

一是促进劳动者在初次分配中参与公平分配。应建立和完善反映劳动力市场供求关系和企业经济效益的工资决定机制和合理增长机制；注重对劳动者职业技能的提高，特别是要建立健全向农民工免费提供的职业教育和技能培训制度；建立统一规范的企业薪酬调查和信息发布制度，为企业及职工提供准确的薪酬状况参考；建立完善的工资集体协商制度，解决企业职工工资过低问题；严格规范劳务派遣制度，依法保障劳动者的同工同酬权利；严格落实最低工资标准，切实保障劳动者的合法权益。二是完善国有资本收益分配机制。推进国有企业收入分配制度改革，推动国有资本收益更多用于保障和改善民生。重点是推进国有企业利润返还制度的改革，国有资本收益上缴比例要更多地用于改善民生特别是农村贫困人口的生活水平和质量。

（二）完善收入再分配调节机制

党的十八届三中全会公告指出，要完善以税收、社会保障、转移支付为主要手段的再分配调节机制，加大税收调节力度，建立公共资源出让收益合理共享机制，完善慈善捐助减免税制度。十三五规划纲要也重点强调，要持续增加城乡居民收入，规范初次分配，加大再分配调节力度，调整优化国民收入分配格局，努力缩小全社会收入差距。特别提到合理的收入再分配机制对收入差距能起到良好的调节作用，有助于增加农村贫困人口收入水平，缩小城乡收入差距。

一是完善财税调节机制。作为政府调节收入分配的重要政策工具，税收被寄予厚望。如何让税收调节机制在"济贫"方面提高效果，也就是如何运用税收政策实现缩小收入分配差距或解决贫困问题是当前的重要课题。除了加强个人所得税征收之外，还要尽快完善房地产税、开征遗产税、合理调整部分消费税的税目和税率（如将部分高档娱乐消费和高档奢侈消费品纳入征收范围）等，力争取得更多税收，直接或间接地调节和优化相关的收入再分配。二是完善社会保障再分配机制。社会保障的再分配就是在不同的阶层之间对利益进行再分配，通过利益的再分配改变收入和财富的初始分配状态，其对于缩小社会阶层收入差距分化阶层固化意义重大。三是完善转移支付稳定增长机制。转移支付其实是对财政收入进行再分配，既包括对不发达地区的补助和帮扶，也包括对社会弱势群体和贫困群体的帮扶和支持，需要根据社会发展状况来提高转移支付比例，保证资金分配的科学性和公平性，提高资金使用效益。四是建立公共资源出让收益共享机制。公共资源为全体社会成员共同所有，公共资源出让所获得的收益应当归全体社会成员所有，这就需要建立合理的收益共享机制，缩小由于收益分配不公带来的收入差距问题，从而降低不同人群和地区之间的贫富差距，其是收入再分配的一个重要的手段，是发展成果全民共享的一个重要方式和集中体现。

（三）健全第三次分配调节机制

我国著名经济学家厉以宁在谈到慈善在社会分配方面的重要作用时，提出了"第三次分配"理论。第三次分配是通过民间非营利组织以慈善捐助为主要内容的社会公益性分配，主要特征表现为，分配的资金来自民间个人或社会组织的捐赠，分配的主体为民间非营利组织，能及时、有效地对社会危机做出反应，保障最弱势群体和特殊群体的利益。第三次分配是对初次分配和二次分配的再补充和再调节，可以促进社会福利的帕累托改进，减少社会阶层间的冲突，助推社会公平。

一是加强政府对社会慈善事业的规范引导。2016年9月1日《中华人民共和国慈善法》开始正式实施，各级政府有责任依据该法律的相关规定，对慈善组织的设立以及慈善募捐、慈善捐赠、慈善信托、慈善服务的开展提供必要指导、政策支持和有效监管，防止慈善事业偏离公益性的大方向，纠正慈善活动中的不规范行为，树立有利于慈善事业发展的社会舆论环境，切实使第三次分配成为政府发挥再分配作用的有益支撑。二是建立慈善捐助减免税制度，以及加快遗产税、赠与税乃至特别消费税的立法研究，逐步建立起具有捐赠"倒逼效应"的机制。

三、完善政治权利保障机制

社会主义政治制度的优越性体现在以人民为中心，始终坚持人民主体地位。国家应推进政治制度建设，不断完善根本政治制度和基本政治制度，更加注重健全民主制度，切实保证人民当家做主的权利，为最终实现农村贫困人口脱贫提供可靠的政治保障。

第一，完善人民代表大会制度，保证人民当家做主。人民代表大会制度是我国根本政治制度，坚持人民代表大会制度就是坚持人民主体地位，保障人民平等参与和平等发展的权利。一是要完善代表联系群众制度。可以通过"建立健全代表联络机构、网络平台等形式密切代表同人民群众联系，支持和保证代表依法执行职务，充分了解、掌握和反映人民群众的意见和诉求；加强代表议案和代表建议办理工作，把办理代表议案与立法、监督工作有效结合起来，把办理代表建议与推动有关方面改进工作有效结合起来；加强人大常委会同代表的联系，扩大代表对常委会、专门委员会活动的参与力度；认真组织代表履职学习活动，切实提高代表依法履职的能力"。① 二是要全面推进依法治国。必须把依法治国作为党领导人民治理国家的基本方略，把法治作为治国理政的基本方式，依照人民代表大会及其常委会制定的法律法规来开展和推进脱贫工作，保证贫困人口的各项权利和合法权益。

第二，完善民主协商制度，保障人民利益。民主协商制度是我国社会主义民主建设的重要内容，是保障人民利益的重要制度安排。特别是在消除贫困的过程中，民主协商制度为贫困人口提供了更加广阔的维权渠道。一是完善意见征集和反馈机制，在制定扶贫政策时广泛听取贫困群体的意见，并及时反馈意见采纳情况；二是完善听证机制，依法公开举行听证会，认真听取贫困群体的心声，并及时公开相关信息；三是完善人大代表

---

① 王庆五. 共享发展 [M]. 南京：江苏人民出版社，2016：241.

议案建议和政协提案办理连接机制，将建议和提案办理纳入政府年度督查工作计划，办理结果逐步向社会公开；四是健全基层民主协商联动机制，重点在贫困农村贫困群体中开展民主协商，以便更好地解决贫困群体的实际困难和问题，及时化解矛盾纠纷。

第三，完善基层民主建设，扩大人民参与力度。党的十八届三中全会指出，要畅通民主渠道，健全基层选举、议事、公开、述职、问责等机制。完善基层民主建设是人民群众合法表达利益诉求、享有平等发展机会的重要途径。一是在贫困农村更加需要完善村民自治制度，通过完善村委会民主选举制度，由村民按照本村的需求选举出能够真正带领村民脱贫致富的领头人；二是通过完善村级重大事务的民主决策制度，使村民在依法决策、科学决策和民主决策中当好主人翁；三是通过完善村级民主管理和监督制度，防范村委会履职失责、独断专行，防止村干部贪污腐败、挪用扶贫资金、侵害贫困人口利益等行为的发生。

四、完善监督机制

脱贫攻坚战的全面胜利，既有赖于各级党委、政府和广大人民群众的齐心协力、顽强奋斗，也离不开防范扶贫腐败发生的监督机制，将侵害群众利益的扶贫腐败消灭在萌芽状态，提高扶贫的成效，使中央的好政策落地，真正惠及广大农村贫困人口。

第一，加强立法监督。无论从政策导向、贫困的本质，还是从国内减贫的实践来看，法律之于消除贫困都具有重要的意义。中共中央、国务院印发的《中国农村扶贫开发纲要（2011—2020 年）》指出：加快扶贫立法，使扶贫工作尽快走上法制化轨道。把扶贫实效落到实处，必须善于运用法治思维和法治方式来推进扶贫工作，以保障扶贫成果的有效性、针对性和长远性。这就需要完善扶贫相关法律法规，让扶贫事业走上法律化、规范化道路，做到扶贫开发、扶贫改革于法有据、有法可依、有章可循。强化司法保障，严肃查处扶贫领域的贪污贿赂、渎职侵权等职务犯罪，特别是要依法严惩挤占挪用、层层截留、虚报冒领、挥霍浪费扶贫资金的违法犯罪行为，切实维护好贫困地区贫困人民的合法权益。

第二，加强党内监督。十八届中央纪委六次全会提出要"以严明的纪律为打赢脱贫攻坚战提供保障"。一是坚决落实县委主体责任。坚持在脱贫攻坚道路上履行党风廉政建设主体责任，做到一手抓扶贫、一手抓廉政，认真履行"第一责任人责任"和"一岗双责"具体要求；坚持做到对党风廉政建设亲自抓、具体抓、经常抓、深入抓，把党风廉政建设与经济建设、政治建设、文化建设、社会建设、生态文明建设和脱贫攻坚建设紧密结合，做到一起部署、一起落实、一起检查、一起考核，确保脱贫攻坚与党风廉政建设双推进、双落实。二是强化乡镇、部门带头责任。各乡镇（街道）党（工）委、各部门党组织对本级本部门党风廉政建设负总责，各级主要领导要加强对党风廉政建设与脱贫攻坚同进退、共发展的认识，积极行动起来，切实将党风廉政建设的"主阵地"建在前、建设好，切实把党风廉政建设当做分内之事、应尽之责，真正把担子担起来，种好自己的"责任田"。三是发挥村级党总支基础作用。村党总支是最贴近群众工作的核心堡垒，是党组织服务群众的最后一公里，如果这一公里走不好，前面的步伐也会被打乱。在脱贫攻坚中要切实发挥村党总支的基础作用，村委会书记要带头宣传好脱贫政策，做好贫困群众思想工作，履行好村级党风廉政建设带头人的责任，在扶贫一线构建完善的保障体系，充分发挥基层党组织的战斗堡垒作用，从根本上实现一个党员一面旗帜，一个基层一个堡垒。

第三，强化社会监督。一是调动社会成员参与的积极性，通过电视、网络、微信等平台广泛宣传报道社会力量参与扶贫的典型事迹、成功经验，营造社会力量参与扶贫攻坚的良好氛围，提高社会各界和社会力量参与扶贫攻坚的认同感、责任感，调动他们参与的积极性。二是完善监督渠道，通过搭建信息网络公开平台，构建迅速、便捷、高效的网络化体系，使社会监督机制有效开展。三是完善新闻媒体舆论监督，以保证政府等参与主体的行为在共享发展中高度透明，促进主动服务，同时也强化人民群众的参与和监督意识。四是通过购买方式引入第三方监督。第三方监督有其自身的优势，第三方力量的介入能够解决贫困人口、扶贫项目等信息不对称问题，为信息传递的准确性提供机制保障。因此，中央政府、上级机关可以通过购买公共服务等方式，引入第三方力量参与精准识别、精准施策、精准评估，以有效解决自上而下推进精准扶贫所面临的种种困难。

五、完善考评机制

加强对地方政府的考评是落实国家扶贫政策的重要保障机制，对地方政府扶贫工作的考评不仅能够及时总结扶贫工作中的重要经验，还能对地方政府在扶贫工作中存在的不足和缺陷进行及时纠正。同时，以考评机制为基础，也将有助于完善对地方政府的激励机制。

第一，完善考核机制。一是确立综合考核方式，改变过去以 GDP 增长为单一的考核方式，不能把脱贫简单地等同于经济发展，还要将群众的感受和满意度作为扶贫考核的重要手段，将群众得到的实惠作为考核的重要依据。二是优化考核指标。调整考核指标与权重比例，弱化以国民生产总值、工业总产值、社会固定资产投资等方面的考核指标和权重，增加贫困地区提高贫困人口生活水平、减少贫困人口数量和改善贫困地区生产生活条件的考核指标与权重，开发区和生态脆弱区要取消 GDP 指标的考核，以此引导贫困地区从传统的产业发展促脱贫的思路转向以实现经济发展与民生改善并重促脱贫的思路上来，重点考核贫困地区的基础设施建设、基本公共服务水平等。三是加强生态文明建设的考核力度。引导贫困地区正确处理经济发展、资源开发与环境保护的关系，促进经济社会发展与人口资源环境协调发展。四是将党建工作纳入考核范围。以对基层党组织的建设考核来推进扶贫脱贫工作，以扶贫脱贫的实际成效来检验党建工作的成效。五是加强考核结果的应用。建立考核结果与领导干部的选拔任用挂钩机制，把考核结果作为领导干部综合评价和选拔任用的重要依据，对于务实工作、扶贫成绩突出的干部，要优先提拔和重用；对于不认真、不负责和不踏实的干部，则要进行筛选和调用；对于那些造成国家财政资金严重流失，群众利益严重受损和生态环境恶化的领导干部，要进行终身追责。①

　　第二，健全评价激励机制。评价激励机制本身是推动政府提升减贫能力的动力，是促进政府贫困治理水平和脱贫目标实现的有效手段，能够不断地提高减贫的效率。一是完善评价机制。建立政府与社会合作的评价机制，完善政府内部的评价机构，制定完善的绩效评价管理办法和标准，根据绩效评价结果建立反馈机制，进一步解决扶贫脱贫的实际问题。引入社会专业性强的评价机构和研究机构充当第三方，其独立性、专业性和权威性能够保证评价结果的公平、公正和真实性。完善贫困人口参与评价机制，让他们参与绩效评价，更有助于从需求的角度审视扶贫脱贫中存在的问题，当然要注意评价信息的对称性。二是完善激励机制。把脱贫攻坚实绩作为选拔任用干部的重要依据，在脱贫攻坚第一线考察识别干部，激励各级干部到脱贫攻坚战场上大显身手；拓宽基层扶贫干部的晋升渠道，提高扶贫战线干部的政治待遇，特别是对贡献突出、表现优异的扶贫战线干部设立评优评先单独奖项，给予记功等奖励；通过比照发放特殊岗位津贴等方式提高干部的经济待遇，加强对扶贫战线干部的医疗健康等工作生活保障，让更多最优秀的人才源源不断地投身到这场波澜壮阔的脱贫攻坚战役中来。

---

　　①　左常升. 中国扶贫开发政策演变（2001~2015）[M]. 北京：社会科学文献出版社，2016：93.

结　语

2021 年，习近平同志在全国脱贫攻坚总结表彰大会上庄严宣告，经过全党全国各族人民的共同努力，在迎来中国共产党成立一百周年的重要时刻，我国脱贫攻坚战取得了全面胜利，完成了消除绝对贫困的艰巨任务，创造了又一个彪炳史册的人间奇迹！我国能够如期完成新时代脱贫攻坚目标任务，是实现共享发展的历史性新突破，是中国特色社会主义制度优势的集中体现。在共享发展理念指导下的中国特色减贫实践中形成的重要经验和认识，为最终解决农村贫困问题提供了重要的借鉴和启示。

坚持精准扶贫是农村贫困人口脱贫的根本方略。"打好脱贫攻坚战，成败在于精准。"①一是精准明确扶持对象。习近平强调："扶贫必先识贫……确保把真正的贫困人口弄清楚。只有这样，才能做到扶真贫、真扶贫。"②摸清贫困人口具体情况是实现精准脱贫的基础，首要工作就是为贫困村、贫困户建档立卡，通过建档立卡使我国"贫困家底"首次实现了到村到户到人，做到因户施策、因人施策，实现精细化管理，精准扶贫"靶心"更准。经过多年努力，我国成功将大数据技术应用到精准扶贫工作中，建立了全国统一的扶贫开发信息系统，实现了动态管理，对贫困人口的分布状况、致贫原因、贫困程度、脱贫情况等掌握精准，为精准施策提供了基本依据。二是精准落实扶贫工作。习近平指出，扶贫开发工作要"做到分工明确、责任清晰、任务到人、考核到位，既各司其职、各尽其责，又协

---

①　习近平谈治国理政(第 3 卷)[M]. 北京：外文出版社，2020：155.

②　十八大以来重要文献选编(下)[M]. 北京：中央文献出版社，2018：38-39.

调运转、协同发力"。① 精准扶贫脱贫，关键在于责任落实。中央要求各级党委和政府做到压实责任、精准施策、过细工作。通过健全扶贫脱贫工作责任制度、建立督察问责制度、加强农村基层党组织建设等，以科学制定扶贫规划，为贫困群众找脱贫路子、培育脱贫产业、建立脱贫机制、激发脱贫致富动力等为主要落实内容，让扶贫脱贫见实效。三是精准实施脱贫工程。"开对了'药方子'，才能拔掉'穷根子'。要按照贫困地区和贫困人口的具体情况，实施'五个一批'工程。"②"发展生产脱贫一批"是新时代扶贫脱贫的主要方向，国家先后出台了相关政策重点支持如光伏扶贫、电商扶贫、旅游扶贫等相关产业扶贫来助力脱贫。"易地搬迁脱贫一批"是脱贫攻坚的"标志性工程"，使得生活在"一方水土养不起一方人"地区的近1000万贫困人口实现稳定脱贫。"发展教育脱贫一批"则是通过对贫困农村实施特定计划，使得贫困农村的家庭子女基本实现高中阶段教育，接受免费职业教育，因贫辍学情况基本被消灭，阻断贫困代际传递。"生态补偿脱贫一批"是通过国家财政投入贫困农村的生态建设上，贫困人口因生态建设和发展而找到收入增长的途径。"社会保障兜底一批"则是通过农村低保制度与扶贫积极对接，使贫困群体逐步实现应保尽保。

坚持党的集中统一领导是农村贫困人口脱贫的根本制度保障。办好中国的事情，关键在党。"党对农村的坚强领导，是使贫困的乡村走向富裕道路的最重要的保证。"③打赢脱贫攻坚战，最根本的就在于坚持中国共产党的集中统一领导。中国共产党以人民为中心的理念为脱贫攻坚提供思想指引，指明了脱贫的目的，找到了脱贫的主体，明确了脱贫的目标，是脱贫攻坚工作的根本遵循。中国共产党卓越的制度建设能力为脱贫攻坚创造了良好的制度环境。进入新时代，中国共产党把制度建设摆到更加突出的位置，强调着力抓好重大制度创新，推动中国特色社会主义制度更加成熟

---

① 十八大以来重要文献选编（下）[M]. 北京：中央文献出版社，2018：40.
② 十八大以来重要文献选编（下）[M]. 北京：中央文献出版社，2018：40.
③ 习近平. 摆脱贫困[M]. 福州：福建人民出版社，1992：119.

定型，不断完善党的领导制度，稳固的基本经济制度和基本政治制度，更加公平的收入分配制度，逐步健全的法律制度等，为打赢脱贫攻坚战提供了有力的制度保障。中国共产党领导形成的大扶贫格局为脱贫攻坚凝聚了强大力量，在党的领导下形成了以政府为主导的多元主体协同作战的攻坚格局，立体的脱贫攻坚投入体系、人才和科技扶贫计划的实施、全社会力量的参与，力保打赢脱贫攻坚战。

农村土地制度改革为农村贫困人口脱贫提供了基本制度支撑。2016 年以来，为了进一步推动农村发展、农民脱贫致富，我国不断深化农村土地制度改革。以"三权"分置改革为核心的农村土地产权制度改革，巩固了土地集体所有制，不断壮大农村集体经济，为打赢脱贫攻坚战发挥了关键作用。"三权"分置作为重大的理论和制度创新，在实践中进一步解放和发展生产力，通过确权明晰权属关系，壮大农村集体经济，保障农民权益，通过赋权增加农民财产性收入，通过易权促资产流动使脱贫效果更加具有可持续性。农村土地制度改革引致的农村土地收益分配制度改革，对缩小我国城乡收入差距，最终解决农村贫困问题发挥了至关重要的作用。随着农村土地集体所有制改革的推进和脱贫攻坚任务的紧迫，农村土地收益分配范围除了农地非农化的收益分配这一传统的领域，还扩展至集体经营性建设用地入市收益分配、土地经营权流转收益分配、宅基地流转收益分配和农地生产经营一般性收益分配等领域。通过合理安排农村土地收益分配权，科学界定政府获得收益的形式和比例、村集体获得收益的比例以及农户土地承包经营权和流转收益权获得补偿的权利等，保障了土地收益分配的公平性；通过合理制定土地收益分配标准，包括农户承包集体土地所获的土地增值收益分配、被征收的集体所有的土地的补偿、土地流转获得土地增值收益分配等，为贫困人口实现长期增收、脱贫致富提供了保障。

社会保障制度优化为农村贫困人口脱贫提供了重要制度支撑。社会保障制度与精准扶贫精准脱贫战略紧密连接，为脱贫攻坚建立了一道牢固的防护线。脱贫攻坚实践中逐步形成的以最低生活保障、特困人员供养、医疗救助、教育救助、住房救助、就业救助、自然灾害救助和临时救助为主体的、社会力量参与为补充的社会救助制度体系，给数千万城乡困难群众提供了基本生活保障，温饱问题得到制度性解决，为大幅度地减少贫困人口做出了重要贡献，发挥了最直接的作用。社会救助制度体系已经基本覆盖各类困难群众，包括重度残疾人员、"五保"供养户、因贫失学人员、无安全住房贫困人员以及因自然灾害、突发事件、意外伤害、重大疾病致贫人员等。脱贫攻坚实践中逐步形成的以基本养老保险、基本医疗保险、大病保险、农业保险为主要内容的社会保险制度体系，对贫困人口脱贫及防返贫发挥了重要作用。基本养老保险方面，政府通过相关帮扶政策，对建档立卡贫困人口开展一系列养老保险帮扶，实现参保率达到100%，做到养老保险应参尽参、应保尽保。基本医疗保险、大病保险方面，到2020年农村贫困人口全部纳入保障范围，大病保险保障水平不断提高，对贫困人口执行起付线降低50%、支付比例提高5个百分点的倾斜政策，且逐步提高并取消封顶线。农业保险方面，因其"具有平衡和分散风险的特点，是避免自然风险损失、保障农业生产、稳定农民收入的重要手段"，[1] 能为以种植业和养殖业为主要收入来源的深度贫困地区农民加强保障，为贫困户生产经营兜底，因而非常受贫困农户的欢迎。

脱贫攻坚战的全面胜利，是我国全面建设社会主义现代化国家新征程中的重大历史性事件。中国共产党带领全国人民解决了困扰中华民族几千年的绝对贫困问题，在实现共同富裕的道路上迈出了坚实的一大步。但解决发展不平衡不充分问题、缩小城乡区域发展差距、实现人的全面发展和全体人民共同富裕仍然任重道远。新时代新阶段的发展仍须坚决贯彻新发展理念，着眼未来，坚定信心，真抓实干，埋头苦干，向着实现第二个百年奋斗目标奋勇前进！

---

① 　胡国生. 农业保险助力产业扶贫［N］. 人民日报，2019-07-16（9）.

参 考 文 献

(一)图书

[1]马克思恩格斯全集(第1卷)[M].北京：人民出版社,1995.

[2]马克思恩格斯全集(第2卷)[M].北京：人民出版社,1957

[3]马克思恩格斯全集(第3卷)[M].北京：人民出版社.2003.

[4]马克思恩格斯全集(第4,5卷)[M].北京：人民出版社,1958.

[5]马克思恩格斯全集(第6卷)[M].北京：人民出版社,1961.

[6]马克思恩格斯全集(第18卷)[M].北京：人民出版社,1964.

[7]马克思恩格斯全集(第20卷)[M].北京：人民出版社,1971.

[8]马克思恩格斯全集(第22卷)[M].北京：人民出版社,1965.

[9]马克思恩格斯全集(第23卷)[M].北京：人民出版社,1972.

[10]马克思恩格斯全集(第32卷)[M].北京：人民出版社,1998.

[11]马克思恩格斯全集(第42卷)[M].北京：人民出版社,1979.

[12]马克思恩格斯选集(第1,2,3,4卷)[M].北京：人民出版社,1995.

[13]马克思恩格斯文集(第1,2,3,5,8,9卷)[M].北京：人民出版社,2009.

[14]马克思.资本论(第1卷)[M].北京：人民出版社,2004.

[15]列宁选集(第1卷)[M].北京：人民出版社,1972.

[16]列宁选集(第3,4卷)[M].北京：人民出版社,1995.

[17]列宁选集(第7卷)[M].北京：人民出版社,2010.

［18］列宁全集（第 12 卷）［M］. 北京：人民出版社，1958.

［19］列宁全集（第 26 卷）［M］. 北京：人民出版社，1963.

［20］列宁全集（第 31，34 卷）［M］. 北京：人民出版社，1985.

［21］毛泽东文集（第 1 卷）［M］. 北京：人民出版社，1993.

［22］毛泽东选集（第 2，3 卷）［M］. 北京：人民出版社，1991.

［23］邓小平文选（第 3 卷）［M］. 北京：人民出版社，1993.

［24］十三大以来重要文献选编［M］. 北京：人民出版社，1991.

［25］十六大以来重要文献选编（中）［M］. 北京：中央文献出版社，2006.

［26］十六大以来重要文献选编（下）［M］. 北京：中央文献出版社，2008.

［27］十七大以来重要文献选编（上）［M］. 北京：人民出版社，2009.

［28］十八大以来重要文献选编（上）［M］. 北京：中央文献出版社，2014.

［29］十八大以来重要文献选编（中）［M］. 北京：中央文献出版社，2016.

［30］十八大以来重要文献选编（下）［M］. 北京：中央文献出版社，2018.

［31］十九大以来重要文献选编（上）［M］. 北京：中央文献出版社，2019.

［32］中共中央党校党史研究室. 中共党史参考资料（第 5 册）［M］. 北京：
人民出版社，1979.

［33］中央档案馆. 中共中央文件选集（第 7 册）［M］. 北京：中共中央党校
出版社，1986.

［34］西南政法学院. 中国新民主主义革命时期法制建设资料选编（第一册）
［M］. 重庆：西南政法学院函授部出版，1982.

［35］福建省档案馆. 中华苏维埃共和国法律文件选编［M］. 南昌：江西人
民出版社，1984.

［36］江泽民. 论"三个代表"［M］. 北京：中央文献出版社，2001.

［37］习近平. 摆脱贫困［M］. 福州：福建人民出版社，2014.

［38］国家统计局住户调查办公室. 2018 中国农村贫困检测报告［M］. 北京：
中国统计出版社，2018.

［39］国家统计局农村社会经济调查司. 2018 中国农村统计年鉴［M］. 北京：
中国统计出版社，2018.

[40]中华人民共和国农业部. 2018 中国农业发展报告[M]. 北京：中国农业出版社，2018.

[41]中华人民共和国文化部. 文化发展统计分析报告 2018[M]. 北京：中国统计出版社，2018.

[42]国家卫生和计划生育委员会. 2017 中国卫生和计划生育统计年鉴[M]. 北京：中国协和医科大学出版社，2017

[43]李培林，魏后凯. 中国扶贫开发报告（2016）[M]. 北京：社会科学文献出版社，2016.

[44]司树杰，王文静，李兴洲. 中国教育扶贫报告（2016）[M]. 北京：社会科学文献出版社，2016.

[45]种宏武. 中国企业扶贫研究报告（2016）[M]. 北京：社会科学文献出版社，2016.

[46]左常升. 中国扶贫开发政策演变（2001—2015）[M]. 北京：社会科学文献出版社，2016.

[47]陆汉文，黄承伟. 中国精准扶贫发展报告（2016）[M]. 北京：社会科学文献出版社，2016.

[48]徐勇，邓大才，任路，白雪娇，等. 中国农民状况发展报告 2014（政治卷）[M]. 北京：北京大学出版社，2014.

[49]邓大才，等. 反贫困在行动：中国农村扶贫调查与实践[M]. 北京：中国社会科学出版社，2015.

[50]中华人民共和国土地法律法规全书 2015 版[M]. 北京：中国法制出版社，2015.

[51]中央社会主义学院中国政党制度研究中心. 中国政党制度年鉴 2011[M]. 北京：中央文献出版社，2012

[52]中国国际扶贫中心，联合国开发计划署驻华代表处. 国际减贫与发展论坛集萃（2007~2011）[M]. 北京：社会科学文献出版社，2013.

[53]论坛组委会. 扶贫开发与全面小康：首届 10·17 论坛文集[M]. 北京：世界知识出版社，2015.

［54］胡鞍钢，鄢一龙，等. 中国新理念：五大发展［M］. 杭州：浙江人民出版社，2016.

［55］王庆五. 共享发展［M］. 南京：江苏人民出版社，2016.

［56］苗瑞丹. 文化发展成果共享研究［M］. 北京：中国社会科学出版社，2016.

［57］汪三贵，张伟宾，杨浩，崔嵩. 城乡一体化中反贫困问题研究［M］. 北京：中国农业出版社，2016.

［58］郑志龙，等. 基于马克思主义的中国贫困治理制度分析［M］. 北京：人民出版社，2015.

［59］文建龙. 权利贫困论［M］. 合肥：安徽人民出版社，2010.

［60］王三秀. 农民福利可持续发展与政府治理创新［M］. 长春：吉林大学出版社，2011.

［61］王家华. 决战 2020：拒绝贫困［M］. 北京：中国民主法制出版社，2016.

［62］高灵芝，李吉忠，王立亭. 中国社会保障概论［M］. 北京：华龄出版社，1992.

［63］陈红霞. 社会福利思想［M］. 北京：社会科学文献出版社，2002.

［64］吴群芳. 利益表达与分配：转型期中国的收入差距与政府控制［M］. 北京：中国社会出版社，2011.

［65］［印］阿马蒂亚·森：贫困与饥荒［M］. 王宇，等，译. 北京：商务印书馆，2001.

［66］［美］戈登·塔洛克：公共选择——戈登·塔洛克论文集［M］. 柏克，郑景胜，译. 北京：商务印书馆，2011.

［67］［英］安东尼·吉登斯. 社会学（第四版）［M］. 李康，译. 北京：北京大学出版社，2003.

［68］［美］罗纳德·德沃金. 认真对待权利［M］. 信春鹰，吴玉章，译. 北京：中国大百科全书出版社，1998.

［69］［美］约翰·罗尔斯. 正义论［M］. 北京：中国社会科学出版社，

1988.

[70] [美] 弗里德里希·冯·哈耶克. 自由秩序原理 [M]. 北京: 三联书店, 1997.

[71] [美] 约翰·肯尼斯·加尔布雷思. 好社会: 人道的记事本 [M]. 南京: 译林出版社, 1999.

[72] [美] E. 博登海默. 法理学——法律哲学与法律方法 [M]. 邓正来, 译. 北京: 中国政法大学出版社, 1999.

(二) 杂志、报纸

[1] 李崇富. 论坚持和完善我国现阶段的基本经济制度 [J]. 北京联合大学学报 (人文社会科学版), 2012(10).

[2] 韩长赋. 再谈"三权"分置 [J]. 农村经营管理, 2017(12).

[3] 侯为民. 立足完善基本经济制度实现共享发展 [J]. 思想理论教育导刊, 2016(3).

[4] 胡鞍钢, 李春波. 新世纪的新贫困: 知识贫困 [J]. 中国社会科学, 2001(3).

[5] 杨承训, 李怡静. 共享发展: 消除两极分化, 实现共同富裕——新常态下优化公有制经济"主体"功能探析 [J]. 思想理论教育导刊, 2016(3).

[6] 杨颖. 经济增长、收入分配与贫困: 21 世纪中国农村反贫困的新挑战——基于 2002—2007 年面板数据的分析 [J]. 农业技术经济, 2010(8).

[7] 于乐荣, 李小云. 中国农村居民收入增长和分配与贫困减少——兼论农村内部收入不平等 [J]. 经济问题探索, 2013(1).

[8] 易培强. 收入初次分配要保障人民共享发展成果 [J]. 湖南师范大学社会科学学报, 2013(2).

[9] 李金叶, 周耀治, 任婷. 经济增长、收入分配的减贫效应探析——以新疆为例 [J]. 经济问题, 2012(2).

[10] 卢洪友, 刘丹. 中国农村社会保障的发展困境与对策 [J]. 中州学刊,

2016(5).

[11]范从来，谢超峰.益贫式增长、分配关系优化与共享发展[J].学术月刊，2017(3).

[12]张乃亭.中国农村最低生活保障适度水平与支付能力研究[J].山东社会科学，2015(7).

[13]李庆云.西北农村贫困治理中村民自治的瓶颈问题与对策探讨[J].天府新论，2013(5).

[14]杨秀丽，徐百川.精准扶贫政策实施中村民自治能力提升研究[J].南京农业大学学报(社会科学版)，2017(17).

[15]人民论坛专题调研组.党建引领谋发展　脱贫攻坚奔小康——四川开江县"基层党建＋精准扶贫"模式[J].人民论坛，2016(12).

[16]董江爱，张嘉凌.基层党建视阈下的农村政治生态优化研究[J].长白学刊，2016(6).

[17]袁方成，罗家为.选举与协商：村民自治的双轮驱动[J].吉首大学学报(社会科学版)，2016(2).

[18]夏雨.中国农村政治民主现状：基于农民选举权的考察[J].大连海事大学学报(社会科学版)，2011(4).

[19]高长江.文化脱贫与中国乡村脱贫致富及现代化进程[J].人文，1996(6).

[20]文建龙，朱霞.习近平《摆脱贫困》的反贫困思想[J].中共云南省委党校学报，2015(6).

[21]辛秋水.文化扶贫的发展过程和历史价值[J].福建论坛，2010(3).

[22]钟杭娣，刘淑兰.乡贤文化在精准扶贫中的价值及实现路径[J].内蒙古农业大学学报(社会科学版)，2017(5).

[23]贺海波.贫困文化与精准扶贫的一种实践困境[J].社会科学，2018(1).

[24]杨应旭.我国农村基本公共服务均等化实现模式探析——以贵州省为例[J].贵州大学学报(社会科学版)，2016(6).

[25]苏明，刘军民，贾晓俊.中国基本公共服务均等化与减贫的理论和政策研究[J].财政研究，2011(8).

[26]左停，徐加玉，李卓.摆脱贫困之"困"：深度贫困地区基本公共服务减贫路径[J].南京农业大学学报(社会科学版)，2018(2).

[27]曾小溪，曾福生.基本公共服务减贫作用机理研究[J].贵州社会科学，2012(12).

[28]苏明，刘军民.我国减贫形势及未来国家扶贫战略调整的政策取向[J].地方财政研究，2011(6).

[29]莫光辉，张菁.绿色减贫：脱贫攻坚战的生态精准扶贫策略[J].广西社会科学，2017(1).

[30]周侃，王传胜.中国贫困地区时空格局与差别化脱贫政策研究[J].中国科学院院刊，2016(1).

[31]杨文静.绿色发展框架下精准扶贫新思考[J].青海社会科学，2016(3).

[32]宫留记.政府主导下市场化扶贫机制的构建与创新模式研究——基于精准扶贫视角[J].中国软科学，2016(5).

[33]李楠，陈晨.以共享发展理念引领农村贫困人口实现脱贫[J].思想理论教育导刊，2016(3).

[34]唐绍祥.扶贫的机制设计与制度选择[J].经济地理，2006(3).

[35]张宗毅，牛霞，文英.我国政府扶贫机制再造研究[J].中国农业大学学报(社会科学版)，2006(4).

[36]蔡科云.论政府与社会组织的合作扶贫及法律治理[J].国家行政学院学报，2013(2).

[37]李飞，曾福生.市场参与贫困缓解[J].农业技术经济，2015(8).

[38]王佳宁，史志乐.贫困退出机制的总体框架及其指标体系[J].改革，2017(1).

[39]范和生.返贫预警机制构建探究[J].中国特色社会主义研究，2018(1).

[40]陈成文，廖文.制度困境与机会缺失：农民工共享社会发展成果问题研究[J].社会科学研究，2008(5).

[41]于昆.实现共享发展的三个维度[J].中国高校社会科学，2016(5).

[42]龙静云.共享式增长与消除权利贫困[J].哲学研究，2012(1).

[43]张屹，韩太平，舒晓虎.共享发展理念下的中国农村贫困治理：逻辑演变与路径再造[J].贵州省党校学报，2016(3).

[44]孟天广，陈昊.不平等、贫困与农村基层民主——基于全国400个村庄的实证研究[J].公共管理学报，2014(2).

[45]郑广珀.村委会选举公正程度、村干部行为与农村干群关系——基于对辽宁省8市1205个村民的问卷调查[J].中国农村调查，2016(5).

[46]静怡，杨洋.农民工收入和满意感：2008年以来的变化[J].学习与探索，2014(9).

[47]李华红.西部地区农民工可持续就业的困与变——基于贵州样本的分析[J].现代经济探讨，2013(1).

[48]王桂新，胡健.城市农民工社会保障与市民化意愿[J].人口学刊，2015(6).

[49]胡伶."十二五"时期义务教育平等政策回顾及其对"十三五"教育规划的建议[J].教育理论与实践，2016(10).

[50]刘志，张兴平，董杰.对打破西部农村"贫困文化恶性循环"的思考[J].攀登，2007(5).

[51]曲玮，等.自然地理环境的贫困效应检验——自然地理条件对农村贫困影响的实证分析[J].中国农村经济，2012(2).

[52]王春光.社会治理视角下的农村开发扶贫问题研究[J].中共福建省委党校学报，2015(3).

[53]张琦，贺胜年.社会组织：2020年如期脱贫重要力量[J].团结，2016(4).

[54]张宁.土地产权残缺：农民财产性收入增长的制度瓶颈[J].湖北社会科学，2013(3).

[55]赵海林. 论农村土地产权制度对农村社会保障制度的影响[J]. 农村经济，2005(1).

[56]白晨，顾昕. 中国农村医疗救助的目标定位与覆盖率研究[J]. 中国行政管理，2015(9).

[57]王利明，周友军. 论我国农村土地权利制度的完善[J]. 中国法学，2012(1).

[58]毛洪江. 贵州省石漠化治理的五种模式及启示[J]. 时代金融，2012(1).

[59]包俊洪. 中国农村综合改革试验区之"毕节模式"探析[J]. 复旦学报(社会科学版)，2011(6).

[60]罗国锦. 毕节市生态建设与农民增收情况研究[J]. 乌蒙论坛，2016(4).

[61]韦嘉洪，余金. 毕节市建设精准扶贫精准脱贫高地对策研究[J]. 乌蒙论坛，2016(6).

[62]王辉辉. 政企联合扶贫的毕节样本[J]. 决策探索，2017(12).

[63]谢治菊，李小勇. 认知科学与贫困治理[J]. 探索，2017(6).

[64]辜胜阻，杨艺贤，李睿. 推进科教扶贫 增强脱贫内生动能[J]. 江淮论坛，2016(4).

[65]刘可. 农村产权制度改革：理论思考与对策选择[J]. 经济体制改革，2014(4).

[66]金文成，孙昊. 农村土地承包经营权流转市场分析[J]. 农业经济问题，2010(11).

[67]刘若江. 马克思土地产权理论对我国农村土地流转的启示——以三权分离的视角[J]. 西北大学学报(哲学社会科学版)，2015(2).

[68]赵艳杰. 经济法视角下推进土地经营权流转的对策研究[J]. 经济研究参考，2017(41).

[69]司伟歌. 我国城镇化进程中集体土地征收补偿标准的构建[J]. 改革与战略，2017(7).

[70]张勇，包婷婷，李艳. 我国农村宅基地制度演变及其改革走向[J]. 山西农业大学学报(社会科学版)，2016(11).

[71]石小石，白中科. 集体经营性建设用地入市收益分配研究[J]. 中国土地，2016(1).

[72]刘铮，王春雨. 中国集体土地收益共享困境破解[J]. 黑龙江社会科学，2017(6).

[73]肖滨，方木欢. 寻求村民自治中的"三元统一"——基于广东省村民自治新形式的分析[J]. 政治学研究，2016(3).

[74]谭文邦. 村民自治组织的结构分析[J]. 经济研究导刊，2013(5).

[75]刘悦. 唤醒农村发展内生新动力——安顺市平坝区塘约村的脱贫致富路[J]. 当代贵州，2017(1).

[76]张慧鹏. 集体经济与精准扶贫——兼论塘约道路的启示[J]. 马克思主义研究，2017(6).

[77]许尔忠，齐欣. 金融支持产业扶贫"庆阳模式"研究[J]. 西北民族大学学报，2015(4).

[78]张海应. 小贷公司可持续发展模式探讨与路径选择[J]. 甘肃金融，2015(1).

[79]吴蔚蓝，谭文洁. 对金融支持庆阳老区扶贫攻坚的调查和思考[J]. 甘肃金融，2016(9).

[80]汪三贵，刘未. "六个精准"是精准扶贫的本质要求——习近平精准扶贫系列论述探析[J]. 毛泽东邓小平理论研究，2016(1).

[81]李晶玲，张双英，谢瑞芬. 电商扶贫调查[J]. 中国金融，2015(22).

[82]罗兴佐. 农村社区组织的功能与建设[J]. 长白学刊，2014(5).

[83]李维. 社区扶贫是未来扶贫方式的重要选项[N]. 中国社会科学报，2015-06-24.

[84]文雁兵. 破解制度性贫困[N]. 中国社会科学报，2014-03-13.

[85]李慧. 既扶优扶强又不"垒大户"——专家解析《关于加快构建政策体系培育新型农业经营主体的意见》[N]. 光明日报，2017-06-02.

[86]肖黎明. 浅析集体土地征收补偿制度的完善[N]. 法制日报，2015-11-25.

[87]高伟. 征地制度改革需克服两大难点[N]. 经济参考报，2017-09-26.

[88]石颢. 甘肃省庆阳市宁县：扶贫互助社托起农民小康梦[N]. 甘肃日报，2013-05-23.

[89]胡丽华，方春英. "三权"促"三变"安顺精准脱贫的有益探索[N]. 贵州日报，2016-06-07.

[90]省委政研室联合调研组. "塘约经验"调研报告[N]. 贵州日报，2017-05-18.

[91]刘永富. 以精准发力提高脱贫攻坚成效[N]. 人民日报，2016-01-11.

[92]张雅勤. 实现共享发展的有效制度安排[N]. 光明日报，2016-04-13.

[93] Grosse M, et al. Measuring Pro-Poor Growth in Non-Income Dimensions [J]. World Evelopment, 2008, 36(3)：1021-1047.

[94] Hollis Chenery, et al. Redistribution with Growth：Plolicies to Improve Income Distribution in Developing Countriesin the Context of Economic Groeth[M]. Oxford：Oxford University Press, 1974.